# 农商行网格化管理之术

陈向红　方　茁　王　蕾 著

浙江工商大学 出版社
ZHEJIANG GONGSHANG UNIVERSITY PRESS
·杭州·

**图书在版编目(CIP)数据**

农商行网格化管理之术 ／ 陈向红，方苫，王蕾著.
— 杭州 ：浙江工商大学出版社，2020.1（2024.6重印）
ISBN 978-7-5178-3564-6

Ⅰ．①农… Ⅱ．①陈… ②方… ③王… Ⅲ．①农村商
业银行－银行管理－研究－中国 Ⅳ．①F832.33

中国版本图书馆CIP数据核字(2019)第243894号

**农商行网格化管理之术**
NONGSHANGHANG WANGGEHUA GUANLI ZHI SHU
陈向红 方 苫 王 蕾 著

| | |
|---|---|
| 出 品 人 | 鲍观明 |
| 责任编辑 | 谭娟娟 |
| 封面设计 | 王 辉 胡 晨 |
| 责任印制 | 包建辉 |
| 出版发行 | 浙江工商大学出版社 |
| | （杭州市教工路198号 邮政编码310012） |
| | （E-mail：zjgsupress@163.com） |
| | （网址：http://www.zjgsupress.com） |
| | 电话：0571-88904980，88831806（传真） |
| 排 版 | 杭州彩地电脑图文有限公司 |
| 印 刷 | 杭州高腾印务有限公司 |
| 开 本 | 710mm×1000mm 1/16 |
| 印 张 | 17 |
| 字 数 | 176千 |
| 版 印 次 | 2020年1月第1版 2024年6月第9次印刷 |
| 书 号 | ISBN 978-7-5178-3564-6 |
| 定 价 | 56.00元 |

# 序 Foreword

本书是一本阐述网格化管理的金融实务专作。本书概念清楚，体系完整，内容充实，叙述详尽，案例众多，图文并茂，很接地气，可作为教授网格化管理技术的良好教材与业务参考书。我就本书的出版，向作者致以最诚挚的祝贺！

本书乃是作者们长期进行小微零售业务实践的经验总结，也是作者们给有关金融业务骨干授课及相关金融业务专修班授课内容的精华结晶，值得广大小微金融从业者阅读、参考。

"网格化"的核心理念是深耕市场，强调市场占有率与业务覆盖率。网格化营销的对象是广大信息严重不对称的低端客户群体，也就是小微企业和农村居民，其中主要包括：规模以下小企业、微企业、个体工商户、农户和居民。要通过"网格化"这种集约化、精细化的管理方式，基本实现信息对称，就要深耕微小企业客户市场，提升市场占有率和业务覆盖率。

网格化管理是一种较为先进的"微小金融"管理方式，其先行者是浙江的城商行及路桥农商行。这些机构成为先行者是不难理解的。浙江是全国小微金融发展的领先省份，台州又是浙江小微金融发展的领先地区，有"全国小微金融看浙江，浙江小微金融看台州"的说法。台州的小微金融之所以领先，又是与坐落在此的城商行、农商行分不开的。这些金融机构自问世起，就一直以微小企业客户为主要服务对象，并且形成了一套完整的企业信贷文化。随着自身规模的扩展，它们对微小企业信贷市场的开拓力度、深度不断加大。先是主动出击营销，继而"扫街""扫楼"，进而发展为网格化的社区化（村居化）营销。

根据自身的禀赋条件，主要面向微小企业客户的小型银行机构，应当都有实行信贷网格化管理的需要，以达到深耕市场的目的。本书之所以命名为"农商行网格化管理之术"，而不是"小型商业银行网格化管理之术"，是由于该书的作者们认为，当前农商行对网格化管理的需求更为迫切。目前，从农信社改制而来的农商行面临着两大困境：一是城区的竞争能力不足，而随着"城镇化"的进展和人口不断向城镇集聚，农商行的传统"领地"将日益缩小；二是随着城区的其他金融机构的业务"下沉"，农商行在农村市场中的客户也在不断流失。总之，农商行如果不积极"转型"，便有被边缘化的危险。那么，如何转型？重要措施之一便是实行网格化管理，既保住农村市场，又开拓城镇市场。因而本书如是定名，并且在内容安排上也向农商行的实际需要倾斜。

目前，网格化管理已经被浙江省内相当部分的小型金融机构不同程度地采用，并且演出了一幕幕好戏。比如，浙北某县新设立的村镇银行学习标杆银行的做法，实行网格化管理的村居化营销，不断"侵蚀"当地农商行的"领地"；后来，农商行也实行了网格化管理的村居化营销，再加上其固有的规模优势、人脉优势，有效顶住了村镇银行的"进攻"。这场竞争大大改善了当地的普惠金融服务，最大的获益者是农户与微小企业客户。又如，缙云县与临海市两地的村镇银行，在更换了主发起银行后，坚定地将市场定位于微小企业客户，并组建了富有狼性的客户经理团队，切实开展网格化营销；进而，迅速打开局面，业务规模不断扩大，受到当地同业、监管机构、政府及广大客户的好评。

网格化管理是一项系统工程，因此，要努力使构成系统的每个因子都比较强，避免出现"短板"。对此，书中已经详述，这里不再重复，仅仅提醒两点：

一是在理念上，要对"劳动密集型信贷模式"有充分的信心。实行网格化管理，要在"精细化、精准化"上下功夫。为此，需要投入大量人力，其中客户经理占员工总数的比重很高，通常为 40%—55%，人均资产则比较低。比如，台州银行与泰隆银行，2018 年末员工人均存款分别仅为 1543 万元和 1294 万元，不仅远远低于大中型商业银行，也远低于规模相近的农商行（如杭州联合银行为 5846 万元）。这种管理模式，在进入数字经济的今天，是否还有生命力？这是不少人所疑惑的，需要通过实践来回答。一则，这种模式如本书中的叙述，是能够与快速发展的数据处理技术结合的，进而促成效率不断提升。二则，在微小企业信贷领域，迄今尚未有更好的替代技术。在互联网金融中，P2P 因缺乏必要的风控手段，已经难以为继，正在退场；阿里网贷与微众网贷，虽具有特有的风控手段与良好业绩，但其局限性很大，只能是重要方面军，不可能成为主力军。三则，这种模式能够创造出极为出色的业绩。比如，2018年，台州银行的总资产利润率高达2.70%，净资产利润率高达30.46%。这样的绩效，放在国内外银行中都是领先的，甚至名列前茅！以上显然表明，至少在今后相当一段时期内，这种管理模式还是有强大生命力的。

二是要努力造就良好的制度执行力，并且实现对员工的有效管控。标杆银行的经验表明，风控的关键在于管住"两拨人"，即客户经理与客户。客户是依靠客户经理去管理的，因此，先要管住客户经理。为此，很多行便设置了"十不准"等一系列"高压线"。有些城商行和农商行早就认识到深入开发微小企业客户市场对于小型银行的重要性，也曾学习过标杆银行的那一套，即"社区化、网格化营销"；但是，终究由于这些行的执行力、管控力欠佳，未能深入地进行下去。只要方向明确、措施落实、执行加强，相信结果肯定是喜人的。

最后，我衷心祝愿作者，今后能为小微金融的创新发展，不断做出新贡献！

浙江省资本与企业发展研究会原理事长
浙江地方金融发展研究中心副主任
应宜逊
2019年4月2日

# 前　言 Preface

　　长期以来，包括农商行、信用社、村镇银行在内的广大农村金融机构坚持"支农支小"定位，深耕本土区域市场，为提升广大县域、乡镇及农村地区金融服务水平、促进"乡村振兴"和农村经济发展做出了重要贡献。随着我国进入经济新常态，经济增长方式从粗放型、数量型向集约型、质量型转变，金融脱媒、利率市场化、互联网金融等对传统银行业产生了深远影响，农村金融机构如何适应新形势、应对新变化，尽快实现转型升级，更好地发挥县域和农村金融主力军的作用，成了当务之急。

　　虽然农村金融机构一直在探索"向哪里转""怎么转"，但是由于我国地域辽阔、经济发展水平参差不齐、区域差异大，鲜有可供统一借鉴的标准范式，探索总体成效并不明显，且在转型理念、战略举措、资源配置上还普遍落后于领先银行。如何借鉴国际、国内先进银行的经验，在坚持"支农支小"的战略定位下，顺利实现"转型升级"之目标，也成了众多理论工作者和实践工作者重点探索的方向。本书通过长期总结标杆银行的管理经验，结合实际工作成果，提炼出促进农村金融机构转型升级的"核心管理手段"，包括管理规范化、数字化经营、整村批量授信、精准营销等，可为广大农商行等农村金融机构经营转型提供理论指导和实践参考。

　　本书是几位作者在多年工作实践中积累的宝贵经验和成果总结，其中一些章节的内容曾被多次用于农商行等农村金融机构中高层干部公开课、经营转型专题研修班的授课，以及标杆银行参访交流、新闻媒体采访、监管部门汇报等，得到了银行同业、新闻媒体、监管部门的认可和好评。应该说，这些内容和成果来源于实战、成型于实践，接受过实际工作检验。这是一本"接地气、通俗易懂、具有宝典功能"的作品。

　　本书的特点：一是实践性强。读者可以运用本书相关内容，结合实际，直接指导本单位进行网格化管理的工作实践。二是方法明确。本书以浙江银行业地方法人金融机构先进做法——网格化管理为切入点，并利用互联网技术，深耕本地市场，实现线上线下有机融合，作为转型升级的"法宝"。三是案例突出。本书的案例均来自标杆银行的实践及作者自身多年的工作经验积累，案例鲜活，具有代表性和较强的参考价值。

　　本书主要为农商行、信用社、村镇银行等农村金融机构的网格化管理及其具体实施提供工作指导和参考，其中的模式也适用于其他中小法人金融机构。希望本书能得到读者的肯定和喜爱，对读者的工作、学习有所裨益和启示。

# 目　录 Contents

本章核心内容：阐述了网格化管理的由来，概括介绍了当前标杆银行在网格化管理上的"三项经验"，即网格地图、批量授信、精准营销，剖析了农商行网格化管理的主要困难，并介绍了网格化的"三全管理"，即全流程、全体系、全方位，让读者对农商行网格化管理有初步的认识。

# 第一章

## 什么是『网格化管理』

# 第一节　网格化管理的"三项经验"

"网格化"最早是电信领域的术语,后被用于治安管理领域。比如,某些城市运用网格化破解社会管理难题,在网格里配置4个人员:网格管理员(社区居委会管理人员)、网格协管员(机关包片干部)、网格警务员(片警)、网格监督员(老党员、人大代表)。以网格为依托,整合社区资源,配备骨干工作人员,了解网格内的人、地、物、事、组织信息,对群众的诉求、社区中的不和谐因素进行"格内"处理,形成"社区有网、网中有格、格中定人、人负其责"的良好局面(见图1-1)。

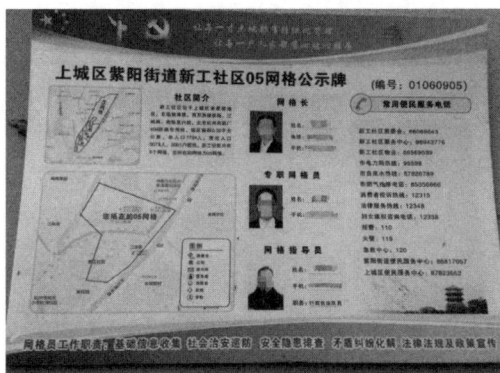

图1-1　杭州某社区网格化管理示范图

2013年左右,浙江的部分农商行将"网格化"这一概念和做法应用到银行经营管理中,开启了农商行网格化管理的篇章和新时代。网格化管理是创新农商行经营管理的核心内容，是指根据属地管理、责任到人等原则，将所在经营区域划分成若干物理或逻辑单元，通过整合服务资源、组织经营团队，对每个划分的网格单元实施精细化、个性化、动态化管理与服务。网格化管理使得农商行服务力量下沉、职责明确、资源整合、运转高效，实现服务"零距离"、管理"全覆盖"、客户需求"全响应"。经过多年的发展完善，网格化管理内容日渐丰富，农商行在探索中形成了一些有效的经验。

## 一、网格地图

为深化"普惠金融、做小做散"的战略定位，浙江的地方小法人银行机构在 21 世纪初相继开展"社区化"经营探索，不约而同地通过"网格地图"开展社区经营的开拓及管理工作。如某标杆农商行率先推出网格化管理，根据经济、社区的分布情况，把辖区分为乡镇、居民社区、工业园区、市场商贸区等，并划分网格形成"网格地图"，在网格里配置 4 个人员：网格管理员（主办客户经理）、网格协管员（协办客户经理、柜员、大学生村官）、网格联络员（金融顾问）、网格监督员（村社干部）。客户经理采取入户逐个采集客户信息的方式，而且入户时要在村内关键人员带领下逐户进行建档调查，通过入户及时掌握客户家庭成员、资产、负债、年收入等主要信息，填制"某村（格）客户基本信息表"。总行制订了《网格化项目管理办法》等一系列相关制度，保障"网格地图"管理的实施。某标杆城商行开展"一图三表"网格经营工作，"一图"即"网格地图"，也是"作战地图";"三表"即"支行目标市场开拓规划及推进表""目标市场分析及实施表"和"客户经理营销走访记录表",分别由支行、业务团队和客户经理 3 个层面的人员负责落实及推进,上级行政管理部门定期开展网格营销进度检查和业务拓展偏离度测评。

"网格地图"模式,即通过绘制网格经营管理地图,并配套相关的管理考核办法及配套工作图表,定期上墙公示,明确经营单位的营销区域及日常管理责任,规范网点的经营行为和客户经理的工作行为,快速建立网格辖区客户基本信息库。运用"网格地图"模式是网格经营的一项简单、实用的基础管理方法。

## 二、批量授信

如何尽可能多地拓展客户数量,提升客户经理的积极性,促进网格化管理取得工作成效和实际业绩,成为农商行需要重点解决的问题。正是在这种需求的推动下,批量营销和授信应运而生了。

一般而言,批量营销最合适的切入点就是批量授信。批量授信是指,在网格化营销的基础上进行的整村或社区集中评级授信,是典型的"零售业务批发做",并且追求区域内市场精耕细作的作业模式,是在市场细分网格化、批量信息采集、"背靠背"评议、信息评估等基础上,充分利用软信息的对称性和关键数据的抓取来解决客户小额信用贷款需求的工作方法。批量授信的本质是实现贷款的"三大转变",即由"被动三查"向"主动授信"转变,由"被动审查"向"主动服务"转变,由"等客上门"向"主动获客"转变。其目的在于通过"广撒网"牢牢绑定客户，进而更好地占领市场。

以一个有1000户居民的自然村为例，做好整村授信项目一般需要5个工作日，可以获取500人左右的白名单客户。这种方式极大地提高了客户经理的获客效率，也很好地解决了客户经理的信息不对称问题，为防范信用风险奠定了良好的基础。由于整村授信过程中上门服务的客户体验较好，对客户干扰少，客户的满意度很高。一些银行在实施中将整村授信与"阳光信贷"相结合，取得了良好的客户口碑及社会声誉。

批量授信解决了客户软信息的收集问题，为农商行客户准入把好了"第一道关"。随着智能风控水平的提升及手机银行等线上业务渠道的搭建，线上线下融合后客户体验大幅提升，农商行的竞争力得到了明显强化。

## 三、精准营销

随着互联网技术的日新月异及大数据、人工智能技术的广泛运用，传统银行面临的"获客成本高"这一痛点问题也就有了更有效的解决方案——精准营销。

精准营销是相对于传统的大众营销和模糊营销而言的，它不仅是一种单纯的营销技术或营销策略，还是迎合市场发展趋势应运而生的一种营销管理模式。精准营销的沟通对象不再是所有客户，而是经过细分的目标客户。银行通过对客户标签、客户画像和客户行为分析等，将合适的产品在合适的时机通过合适的渠道触达合适的客群，从而实现精准销售。精准营销在有效降低银行经营成本的同时，切实提升了客户的体验。

加强精准营销，就必须发挥数据对业务发展的支撑作用，打通"信息孤岛"，充分利用客户基础数据、触点轨迹数据、行为数据、交易数据等进行综合分析，细致刻画客户社会角色、行为偏好、客户价值等特征，生成客户画像并建立模型，构建客户、产品、服务（渠道）等信息的标签评价体系，并以此来制订营销策略，做好存量优质客户维护、存量低价值客户挖掘、新增目标客户精准定位，并以客户为核心制订产品策略，提升银行的营销效益。

# 第二节 网格化管理的"三大难点"

农商行在日常的营销过程中，基本以支行网点为圆心，辐射一定的半径，按照要求做好辖内客户的服务工作。应该说，农商行天然具备网格化的基因和"下沉经营"的网格化的首要基础，但是要真正把网格化作为一种经营管理模式，仍面临一些难题和现实困难。

## 一、管理人员的理念——缺乏"下沉定格"意识

虽然"做小做散"是农商行的战略定位，但是在实际执行过程中差距较大，有的行对公贷款占比达 70% 以上，户均贷款超过 100 万元（标杆农商行的零售贷款占比一般不低于 70%，户均贷款一般不超过 50 万元）。

随着大中银行对中小微企业、县域及农村金融市场的开拓力度不断加大，同时，带有互联网基因的银行（如微众银行、网商银行等）依托其强大的流量入口和大数据优势，加大对微小 B 端、C 端客户的争夺，农商行如果不加大"下沉"力度，将面临"老客户不断流失、新客户不愿进来"的局面。

而大量的农商行管理人员一般认为：客户对小额信用贷款的需求少，负债业务、中间业务也往往难以上量，总体上没有什么好的市场。其实，在镇域和农村市场，居民之间的小额借贷

是十分频繁的，他们储蓄意愿稳定，对投资理财和电子银行等线上金融服务的接受度正不断提升，关键还是在于农商行能不能提供与之相匹配的产品和服务。因此，在县域、农村金融服务领域，特别是小额信用贷款领域，不是缺市场，而是缺理念，特别是下沉金融服务、网格化管理的理念。包括农商行高管层在内的管理人员，应将网格化作为一种经营管理模式，将"下沉"上升到战略高度，坚定"网格化管理"的决心和战略。

## 二、经营人员的困难——缺乏"网格诞生"配套机制

在管理人员缺乏理念的情况下，基层行经营人员缺乏通过"下沉"开启"网格化"之路的保障，存在的实际困难和问题也是网格化难以诞生并得到推进的重要原因。

1. 不能下沉。农商行受制于人事体制的束缚，客户经理编制有限，目前各支行网点客户经理少，管户压力大，在现有审批流程、技术手段下已经不能下沉。

2. 不愿下沉。农商行中员工的收入差距没有拉开，"吃大锅饭"现象还是比较普遍，差异化的绩效考核跟不上，一般单笔贷款在30万元以上才有利可图，小额的贷款投入大产出小，因此客户经理不愿下沉。

3. 不敢下沉。目前农商行由于历史包袱较重，对贷款的风险责任认定较严格，"一刀切"现象不同程度地存在。再加上客户经理因业务培训跟不上，缺乏新理念、新手段、新方式，不敢下沉。

## 三、科技层面的困难——缺乏"织网治格"的系统平台

要做好"下沉"服务，实现"网格化管理"，农商行必须重点解决两个主要问题：一是如何降低经营成本；二是如何改善和提升客户体验。在科技层面，农商行必须依托专业化、先进的科技系统平台，为网格规划、网格客户数据获取和治理、网格客户管理、精准营销、网格监控、考核激励等提供有效支撑，以降低网格经营的成本（包括展业成本、数据收集和处理成本、营销成本、管理成本等），改善客户体验，提升网格内客户的满意度。

但是，由于农商行、信用社等大多为法人机构，改制时间晚，在科技系统建设方面往往相对落后。一方面，农商行、下属信用社的科技系统大多受制于省联社，缺乏自己的独立系统资源和能力，大系统与小法人个性化需求之间的矛盾比较突出，农商行、信用社的个性化系统需求往往难以得到满足；单个农商行、信用社总体规模较小、盈利能力较弱、科技人才欠缺，以及对科技投入有限，导致信息化和科技系统建设跟不上时代步伐和发展需求。另一方面，目前市面上鲜有专业支撑"网格化管理"，且具有"小而美、易学易用"特点的系统平台或工具软件。这两方面问题的存在，制约了农商行客户服务水平的提升，同时也制约了"网格化管理"的落地实施和运行。

**【案例】**

## 标杆互联网银行、微众银行下沉服务对农村金融机构
## 网格化管理的启示

微众银行瞄准大量"长尾客户"，依托微信等大流量入口和海量大数据优势，实现经营下沉和客户下沉的同时，带来了爆发式增长和令人瞩目的经营业绩。据微众银行2018年度报告显示，该行在保持"微粒贷""微车贷"等消费信贷业务稳健、快速增长的同时，以服务实体经济为导向，依托金融科技手段，针对微小企业"短小频急"的贷款需求及痛点，首创了全线上、纯信用、随借随还的小微信贷产品"微业贷"，在解决微小企业"融资难、融资贵"问题方面进行了有益的探索。该行2018年末有效客户超过1亿人，覆盖了31个省、自治区、直辖市；授信的个人客户中，约80%为大专及以下学历，四分之三为非白领从业者。同时，该行72%以上的个人借款客户的单笔借款成本不足100元；授信的企业客户中，约三分之二属首次获得银行贷款。截至2018年末，该行不良贷款率为0.51%。

（来源：《微众银行2018年度报告》）

# 第三节　网格化的"三全管理"

网格化管理是一项长期工作，也是一项系统性工作，既要做好基础的、科学的日常管理，又要进行有效的宣传、培训及业务推动工作，这样才能让全行形成统一的思想认识，切实有效地推动网格化管理。概括起来，即实现"全流程、全体系、全方位"的管理。

## 一、全流程管理

在准备阶段，要对农商行进行咨询和诊断，了解其业务状况、人员状况、管理状况等内容，分析存在的问题，并提出针对网格数字化管理工作的政策建议。

在实施阶段，要按照战略地图的要求，对管理规范化进行差异分析，从制度层面、执行层面、操作层面进行规范，确保执行力得到有效提升；要按照批量小额授信的模式进行比较分析，对客户进行梳理，加强对软信息的收集力度，扩展客户面，强化客户的数字化水平；要加强行内外数据资源的整合，开发精准营销系统，力争做到合适的产品通过合适的渠道触达合适的客户，既有效防范风险，又降低成本，提升客户体验。

在评估改进阶段，要对网格经营的效果、业绩、工作措施、配套机制等进行深入分析，总结成功的经验和典型做法，发掘存在的问题，提出有针对性的改进措施，提升网格化管理水平。

## 二、全体系管理

网格化管理作为一项系统工程，因为前期需要做很多基础工作，对业绩的提升也是逐步显现的，所以经营单位及基层业务人员难免会存在不理解，导致执行力不强，甚至会在推进中流于形式，很容易产生"虎头蛇尾"的现象。那应该如何防范呢？需实施全体系的管理。

一是强化顶层设计和战略规划。高管层要将网格化管理纳入战略规划，明确分阶段要达成的目标，努力形成全行推动的氛围，人人谈网格，事事谈网格。此外，要重点将网格化管理的推进和相关指标的提升工作纳入目标责任制考核体系中。

二是完善管理机制、工作制度及管理工具。管理部门和基层经营单位要抓好执行，思想要统一到全行的网格化管理战略上来。管理部门应建立一套与之相适应的管理制度，配备管理工具，并制订阶段性的工作计划和目标。管理制度应包含网格化管理架构、各部门职责分工、网格化管理规范流程、各环节作业标准、网格化管理相关考核等。管理工具是网格化管理实施和推进的主要抓手，包括各类工作表、会议管理、科技系统等等。

三是压实责任，提高积极性，做好过程管理。要落实责任人，网格化管理最终能否取得成效，关键是看营销人员认不认可、愿不愿意。如果推动网格化管理，让营销人员的业务提升了、风险减小了、收入增加了，那么营销人员的积极性、主动性就会提升，这样才能真正可持续地推动网格化管理。同时，要做好从网格规划、网格营销、网格维护到网格提升的全过程管理，以及营销人员业务拓展和服务的过程管理。

## 三、全方位管理

在实施网格化管理的过程中，推动工作必须全方位开展，主要包括 3 个方面。

一是通过加强宣导，树立良好工作氛围。牵头管理部门应制订推动方案，包括推动的方式、推动的渠道、时间计划安排，特别是网格化管理刚刚起步的单位，要利用各种渠道进行宣导动员，如召开动员会、培训会，利用外网、内网、行报、公众号等渠道进行广泛宣传，在行内利用海报、招贴，制订专题的工作简报、营销专报等方式形成全行推进的工作氛围。

二是通过"沙盘推演"明确目标和计划。通过划片分区及配置，明确各个经营层级的目标市场及网格区域，由责任人运用原理推算工作目标，制订目标市场的经营目标及实施计划，尽快帮助其取得经营效果。

三是可"先行先试"，再全面复制推广。网格化管理的推动可以采取试点模式，如在全行范围内选择条件较为成熟的经营单位作为试点支行，并开展网格化管理的 PK 赛。实施流程为：试点行选拔—试点行 PK—确立标杆行—提炼模式和经验做法—复制推广。通过一定时间内的 PK 赛形成一些标杆行，对其优秀经验、工作模式进行提炼总结，形成一些模板进行全行复制推广，有助于网格化管理的快速推进。

本章核心内容：面临同业竞争的加剧，尤其是各类银行都在不断下沉服务的情况下，农商行必须适应新形势、新情况，在坚持"支农支小"战略的定位下，明确思路、下沉服务，进行网格化管理，为可持续发展奠定良好的基础。本章阐述了农商行面临的"两大困境"及为什么要实施网格化管理，指出了网格化管理的两大实施要点。

第二章

——

为什么要网格化管理

# 第一节　农商行的"两大困境"

自我国经济步入新常态以来，农商行刚刚经历改制（有的信用社尚未完成）又面临着利率市场化加速、互联网金融迅速崛起、金融脱媒不断深化、监管政策日趋从严等一系列新的挑战。而原有规模速度型发展方式带来的资产质量压力、息差缩小等一系列发展难题接踵而至。在日常经营过程中，以下两个现状尤其困扰农商行的经营管理人员。

1. 城区竞争力不足。一方面，城区金融机构林立、市场竞争激烈，农商行的产品和服务往往难以与大、中型银行抗衡；另一方面，国有大行、股份制银行、城商行在城区网点众多，农商行由于历史原因，在城区的网点布局相对较少、进入相对较晚，在城区网点布局上相对处于劣势。

2. 农村客户不断流失。一方面，农商行的乡镇网点面临的现状是农村青壮年人口外出经商务工后，往往习惯于使用外部先进的金融服务，再加上城镇化进程加速和城市入户门槛降低，农商行存在基础客户群规模被缩减和蚕食的风险；另一方面，大部分农商行当前的客户结构中，中老年客户的规模占比较大（有的农商行的这一比例超过50%，其中理财和储蓄客户的这一比例甚至超过60%），而极具成长性和增长潜力的年轻客户群占比较小（主要原因包括农村青少年外出上学、就业、务工、购房等，以及农商行线上电子化程度相对较低，未能很好地经营、触达这部分喜好线上金融服务的客群）。随着时间的推移，中老年客户群的规模逐渐减小（因年龄、生病或离世等），若新生代客户群的培育转化不佳的话，农商行将面临严峻的客户断层风险，导致客户结构出现恶化。

这两大现状引发农商行亟须解决的普遍问题：客户在哪里？发展后劲在哪里？

## 【案例】

### 浙江某农商行的经验做法可以为广大农商行破解上述两大问题指明方向

以浙江某农商行为例，截至 2017 年末，该行所在区域户籍总人口为 46 万人，按每户 3 人计算，大约 15 万户，扣除 20% 不宜授信户数，可授信户数为 12 万户左右，按其 80% 的授信率测算，已经覆盖约 9.6 万户的户籍数量。从该行年报的信息披露情况分析，该行的普惠签约率为 52.53%，即 5.04 万户；贷款支持覆盖率为 46.14%，即真正用信的客户达到了 4.43 万户，户均贷款余额为 24 万元左右。该行的五级不良率仅 1.2%，资本充足率达到 16.86%。该行坚持进行战略定位并取得良好业绩，获得"2017 年度全国农合机构支农支小百强服务单位""普惠金融标兵单位"等称号。

那么该行为什么能取得如此骄人的业绩呢？从区域金融环境分析，该区域有 1 家政策性银行、5 家大型银行、1 家邮储银行分行、4

家小法人银行机构、9家股份制商业银行分行、5家城市商业银行分行，合计25家同业机构在此展业，应该说竞争异常激烈。该行坚持做小做散，深耕区域内客户，及时引进"网格化"这一概念并运用到银行经营管理中，做深做实（区域全覆盖、客户全触及、市场全掌握）区域市场，取得了今日之辉煌。

# 第二节　网格化管理的"五大效能"

浙江农商行网格化管理，从表面上看与大多数农商行现有的管理模式差不多，但是更深入地分析浙江农商行的优秀经验，可以发现，网格化管理已经将过去传统、被动、定性和分散的管理，转变为今天现代、主动、定量和系统的管理。浙江农商行网格化管理是运用数字化、信息化手段，以街道、社区、村社等为区域范围，以客户为管理内容，以网格管理员为责任人，通过网格化管理信息平台，实现上下联动、资源共享的一种管理新模式。这一创新的模式是依托现代网络信息技术建立的一套精细、准确、规范的综合管理服务系统，浙江农商行通过这一系统整合资源，为辖区内的居民提供主动、高效、有针对性的金融服务。通过总结实践经验，我们梳理出网格化带来的效能主要有以下 5 个方面。

一是有利于建立网格体系。通过将管辖地域的人员划分成若干个网格状的单元，再根据划分好的网格结构，对网格内的居民提供多元化、精细化、个性化的服务，让网格化管理的工作人员对每个网格进行点对点的单独操作，使农商行开展的各种服务能够渗透到每一个群众中去。

二是有利于建立信息数据库。基于银行原有的开户、贷款、中间业务等数据，积极对接政府部门的数据，构建网格化管理基础数据库。该数据库同时具备添加、更新、删除、搜索、查询、统计等功能，既能反映网格内每户家庭的基本情况，又能反映某个区域内某方面或某一类的总体情况，能为农商行提供方便的数据获取方式，为其产品的设计、营销提供判断基础。

三是有利于建立规范化管理。通过加强对客户经理的日常管理，重新梳理业务流程，推进决策机制完善，从而促进农商行管理的规范化、制度化，使其各项工作不断得以优化改进，干部员工的行为得到规范固化。

四是有利于建立权责利对等机制。每个网格管理员都明白自己的"责任田"，在此基础上，还落实"定格定员"，实现了从"单纯管理"到"管理＋监督"的转变，真正实现了责任到人、奖惩到人。通过网格管理，广大员工的责任意识进一步清晰，工作效率进一步提升。

五是有利于业绩的提升。这是网格化管理的核心目的。上一节举例的浙江某农商行，通过认真细致的网格化管理工作，使贷款支持覆盖率高达46.14%，户均贷款余额为24万元左右，五级不良率仅1.2%，极大地促进了业务的发展，又有效防范了风险。当然，客户的满意度也得到有效提升，普惠金融工作成效显著。

本章核心内容：网格化管理作为精细化管理的重要模式，需要一个完整的流程，可概括为"三部曲"：网格调研、网格确立和网格实施。通过对经营区域的充分调研分析和有效划分，并在此基础上对经营网格的人员进行合理配置，统一思想、明确措施，有效推动网格经营管理。

第三章

网格化管理『三部曲』

# 第一节　"磨刀不误砍柴工"：网格调研规划

网格化管理是通过科学的划片分区来深耕经营区域。在划片分区之前，需要明确自身的战略目标，细致深入地了解所在经营区域的主要信息，科学地细分市场并针对性地提出经营目标，避免后期经营的盲目性。网格经营的前期市场调研的主要内容一般包括以下几个方面。

1. 主要经济状况。区域内的主要支柱产业、特色产业情况；区域内的主要块状经济单元分布情况，如主要村居、社区、街区、各类市场、园区等布局及其基本情况；各经济体客群数量；等等。

2. 目标客户情况。区域内农商行目标客户的主要产业的发展前景及运营模式；产业的主要风险点；客户的经营习惯、常用的交易结算方式等；目标区域的民风，有否赌博、吸毒等不良风气；客户的人均金融资产情况，理财习惯，金融知识普及情况；等等。

3. 主要金融需求。区域内目标客户主要的金融产品需求；客户消费习惯及偏好；主要的融资方式，当地同业及民间的利率水平等；农商行主要核心产品的优劣势。

4. 区域竞争情况。目标区域内主要金融机构的分布情况，竞争对手的核心优势产品，竞争对手的主要服务特色，竞争对手主要业务的定价，等等。

5. 自身队伍情况。目前队伍结构情况，业务人员对目标区域的熟悉程度及地缘、人缘、亲缘情况。

市场调研需要大量的一手信息，实践中主要的信息来源有以下几个方面。一是公共信息：主要来源为互联网、电视、报刊等媒体上的公开信息，特别是一些政府部门网站定期公布的数据。二是从专业渠道收集：走访当地政府部门，街道及社区管理委员会，市场及园区管理方、村委会，行业协会、商会等。三是侧面打听收集，如向村居的退休村干部、出纳、会计，市场、商场的保安、门卫、保洁人员，存量老客户等打听消息。

网格化管理的调研分析会花费一部分时间和精力成本，效益却可能在短期之内很难显现。但是，正所谓"磨刀不误砍柴工"，事前细致科学的分析和规划，可以为后期实现快速、批量获客和盈利打下扎实的基础。相较于不加选择地盲目获客，"打一枪换一个地方"的营销模式，无论是从风险的防控还是从发展的可持续性来说，其都更加理性和科学。因此，管理层要对调研工作充分重视。为确保调研效果，调研工作应注意以下几点。

一是制订纲要。前期调研要抓概要，不追求面面俱到，要根据网格化管理的目的来制订调研提纲，使调研更精准、更有针对性，调研报告以表单方式呈现，言简意赅。

二是人员安排。调研执行者应以前台业务管理部门为主，中台部门为辅，特别需要风险管理部门共同参与前期调研，共同参与区域分析，这有利于后期客户准入及风控标准的制订。

三是工作方式。制订调研工作计划表，明确工作团队分工及时间节点计划，抓好环节的落实。

网格化管理是为经营单位的战略目标服务的。经营单位的战略目标有短期、中期及长期 3 种,因此在实施网格化管理前要明确经营目标,结合对经营区域的调研分析进行合理的展业规划,具体包括重点产品推广目标、业务发展规模、市场占有率等。

# 第二节 "定格定员定规矩"：网格确立划分

## 一、网格划分的主要依据

科学地划分网格，是网格化管理的首要前提和成功的第一步，有利于后期的持续经营及网格化管理的稳健实施。按行政地理范围对目标区域进行网格化分区是最直观明了的方法，也是目前业内的通行做法。划区时考虑的因素主要有以下3个方面。

1. 服务半径。零售业务十分强调地理的服务半径，通常有3千米、30分钟车程等规则。近年来，银行业移动展业设备得到快速发展和普及，使得零售业务的服务半径得到了极大的延伸，但网格化管理作为长期的驻点式营销模式，要充分考虑零售业务客户群体及后期客户办理业务的便利性。

2. 客户数量。网格化的核心理念是深耕市场，强调市场占有率及业务覆盖率，因此目标客户数量是分区考虑的重要因素。结合经营单位的战略目标，在前期调研的基础上，可以根据客户群的相关性，如工业园区、商业街区、商务办公群等经营区域客户数量的分布进行较为均衡的网格分区。

3. "三缘关系"。小微及零售业务强调"人缘、亲缘、地缘"，强调"熟悉你的客户"，无论是对于储蓄存款营销还是小微贷款拓展，"三缘关系"都至关重要。在网格化分区的工作中，也要充分遵循团队业务人员的属地原则，实现"做熟悉的人，做熟悉的业务"。

结合上述3个方面的主要因素，一般网格划区依托经营网点，以经营网点为中心向四周辐射延伸，根据行政地理区域来进行划片分区。(1)城区支行，以街道或园区、商圈等为划分单位；(2)镇域支行，以村居、街区为划分单位；(3)经营团队或客户经理，以单个村居、单个居民小区、独栋楼宇、单个街道、市场及园区内的区块等为划分单位。网格分区要求能对目标区域进行全覆盖，要通过分区对目标经营区域层层分解，细分落实到每一个客户经理，形成"行行有网格、队队有网格、人人有网格"。

值得注意的是，由于城区的地理区划不如农村的地理区划明显，越是繁华地段客户越复杂，银行竞争也越激烈，特别是在一些经营历史长久、比较成熟的主城区，许多网点、客户经理的存量业务互为交叉。由于该类区域客户数量多，实践操作中，可以将这些区域设置为公共区域，城区支行的客户经理可以共同开发及维护，以免影响存量业务及人员稳定。

在推进过程中，有些支行会有圈地、抢地盘的想法，认为划定的网格就是它的地盘，有些支行在划定网格后迟迟没有开展后续的推进工作。因此，管理部门要健全网格管理的日常评估评价机制，网格划定后要对经营单位提出网格开发时限要求，如限期内未完成进度目标，可以允许别的经营单位进入竞争或者直接调整网格经营行。

## 二、网格人力基本配置："三员"

一般在一个网格里配置3名人员，简称"三员一格"（见表3-1）。

表3-1 "三员一格"

| 三 员 | 角 色 |
|---|---|
| 网格管理员 | 主办客户经理 |
| 网格协管员 | 协办客户经理、柜员、大学生村官 |
| 网格联络员 | 金融顾问 |

网格的配置重点是网格管理员及网格联络员，根据目标客户数量、团队成员人缘状态等因素配置主办客户经理；网格联络员就是经常提到的"关键人"，是网格经营的"向导""参谋""业务助手"，可以说是经营单位的"编外员工"。实践操作中，网格联络员的选择标准为人品好、热心、有威望、信息广，可以是村居的退休干部、商场的保安、社区的居委会工作人员、社区物业管理人员等。

网格分区需要用地图模式来展示（见图3-1），做到直观、醒目、清晰。网格分区地图在主要工作区域的墙上张贴，利用色块、界线等对分区进行标注，对网格管理支行或主办客户经理用各种形式的标签进行定位。

图3-1 某城商行将制作好的网格分区地图张贴在办公区域醒目位置

# 第三节 "凝心聚力攻山头"：网格实施深耕

针对农商行网格化存在的困难和问题，结合农商行的现实和未来发展需要，农商行推行网格化管理的总体思路是：坚持"支农支小"战略定位，眼睛向内、弯腰向下，做深、做细、做透辖内市场，利用先进管理方式和科技手段，降低成本，提升效率，开辟蓝海市场，推动业务可持续发展。而有效实施网格化管理，首先要统一思想、明确措施，凝心聚力推进网格化管理"出实效、上台阶"。

## 一、坚定信念、上下齐心

"君子学道则爱人，小人学道则易使"，管理人员要学习与网格化管理相关的内容，并运用到日常经营管理中；员工通过学习相应的知识和技能，便能更自觉地做好相应的工作。通过对网格化内容的学习，明白这种管理模式推广的重要意义，全行可以上下齐心，协力促进业务的发展。

首先，要努力做好下沉。一方面，这是农商行坚持支农支小战略定位的需要；另一方面，在各类银行不断下沉服务的压力下，农商行只有主动、尽快下沉，才能赢得未来的市场。如果农村普及了微信和支付宝，微众银行和网商银行就可以凭借大数据比较轻松地切入农村市场。而农村居民一旦习惯了微众银行和网商银行的服务模式，农商行再想把客户吸引回来就很难了。更现实的问题是，该类银行如网商银行已经开始谋划农村市场了。

## 【案例】

### 网商银行旺农贷

网商银行推出旺农贷产品，针对不同的农村经营场景提供最高50万元的贷款，无须抵押物也无须担保。有贷款需求的农户，可以在当地农村淘宝服务网点工作人员的帮助下，进入旺农贷无线端进行申贷，网商银行在审核通过后将实时放款。据悉，蚂蚁金服旗下的支付宝在农村的活跃用户量已经超过6000万；蚂蚁小贷则为18万农村小微企业累计提供了1300亿元的信贷资金；余额宝为4000万农村理财用户创收40多亿元。

其次，要改进管理方式。经济高速增长的时代已经一去不复返了，随之而来的是高质量发展。高质量发展要求农商行改变原有的粗放式管理，努力提升管理的精细化程度。而网格化管理作为精细化管理的有效方式，可以有效激活经营单位的积极性，做深做透区域市场。网格化管理就像"联产承包责任制"，要求每个支行、每个客户经理必须耕种好自己的"责任田"，做到低风险、高产出，提升效能。

最后，要加强科技赋能。无论是网格管理、整村授信还是精准营销，都需要科技系统的支持。科技系统的支持，一方面，可以使客户经理和管理人员节约工作量；另一方面，可以将相关工作固化，确保网格化管理工作一以贯之地执行。尤其是通过科技系统的服务支撑，再加上手机银行、网上银行、直销银行和移动展业平台的配合，小微零售业务可以做到"苦活不再苦，累活不再累"。微众银行在没有一个客户经理的情况下，有效客户超过1亿户，贷款余额超3000亿元。

## 二、多策并举、开山辟路

网格化管理是一种精细化管理模式，这项工作不可能一蹴而就，需要克服多重困难，也需要逐步改进、逐步提升，不断去探索和完善。重点要通过推进"三化"，促进网格化管理工作取得成效，走出一条精细化管理的成功之路。

1.管理规范化。要对农商行现有管理工作进行诊断，按照网格化管理要求，进一步完善制度。同时，要进一步规范业务流程，缩短办理时效，在有效控制风险的前提下，大幅提升客户的体验。要明确作业标准，对客户经理的行为进行规范，对过程进行管理，对作业结果进行量化考核。

2.客户数字化。要加强对客户信息的收集，提升客户信息数字化水平，为分析、识别、判断、挖掘客户提供数据基础。同时，要强化行内数据的积累，打通信息孤岛。要加快与第三方数据的整合，多方位、多渠道了解客户的信息，并做好客户信息的安全保密工作。

3.营销精准化。整合客户行内外信息，建立跨产品、跨渠道的客户标签体系和静态画像，丰富数据挖掘场景。要智能、客观和准确地识别客户关系，建立关系图谱，对客户经理和营销团队提供高效支持。要努力做到使合适的产品通过合适的渠道到达合适的客户，达到降低成本、拓展客户、防范风险和提升客户体验等目的。

思路决定出路。我们再回过头看农商行存在的两大难题——城区市场的竞争力和农村市场客户。实际上，农商行只要充分利用自身的优势，结合网格化管理的精髓，不断开拓创新，通过对农村市场的全覆盖，开辟出小额信贷的蓝海市场，在服务好农户及外出务工、经商人员的同时，城区市场的竞争力问题也就迎刃而解。这样农商行一定能在辖区内取得良好的业绩，也必定能做到可持续健康发展。

本章核心内容：网格化管理要落实到位，关键是人！选人、育人作为队伍建设的内容具有普适性，但是在网格化管理中又有其特殊性，主要在于选取实现本地化的合适的人员，能集聚"人缘、地缘、亲缘"的优势。而育人的关键是建立健全的培训体系，在实战中锻炼员工的能力。当然，打造狼性团队也是在队伍建设中不可或缺的内容。

# 第四章

网格化管理『队伍篇』：招、育、塑

# 第一节　精准招人：广开"才路"招对人

网格化人才队伍建设能成功的一个基本因素就是要有合适的人。理念统一、战略认同的从业人员是建立一支优秀的网格化营销队伍的基础。人员的招聘和选拔指的是为了网格化管理的需要，根据网格化工作的规划和分析的要求，寻找吸引那些吃苦耐劳又有志向从事小微零售业务的人员，并从中挑选出优秀的人员予以录用的过程，以确保各项业务活动正常进行。人才选拔的前提条件是人才标准的确定，即能力、素质、标准与资格条件。

## 一、明确招聘定位

网格化管理中需要的人才主要是从事小微企业客户和个人客户开发、客户管理和维护、产品销售、市场拓展等工作的人员。其应该具备的基本素质包括认同银行市场定位，能坚定不移地贯彻银行对市场定位的各项政策；具有良好的敬业精神和职业道德，遵纪守法，合规经营；具有吃苦耐劳、踏实勤奋的工作态度，在过往的从业经历中无不良行为和业务记录；具备良好的沟通能力和团队协作精神。

选拔网格化营销人员时，除了要求应聘者吃苦耐劳外，银行还需要突破固有招聘思维及习惯，广开才路、积极创新，如从人员应该具备的素质来看，可以充实专家型（对银行产品熟悉）、关系型（社会背景广阔）、社会型（交往、公关能力强）、魅力型（具有很高的人格魅力）这四类人才。人员的外部招聘除了传统的校园招聘和同业引进之外，也可积极招揽其他方面的人才，如退伍军人、企事业单位会计、企业销售人才、大学生村官等。在挑选人员时，最重要的是智商和品行，不要特别在意他的学历或在银行从业的经历。

## 二、拓宽招聘渠道，创新招聘形式

对于招聘渠道要做到定向选择，结合网格化营销人员这个工作岗位本身去选择人才来源，不能盲目地依赖某一种渠道。在招聘广告的设计上，在表达准确、内容清楚的前提下，应尽量多采用一些符合年轻人思维习惯的语言或画面，增强吸引力和感召力，同时体现灵活、有生机的特点，使应聘者对未来的蓝图充满信心和希望。

1. 团队负责人是关键。招到一个管理经验丰富、有良好业内人脉的团队负责人往往能使工作事半功倍，这个负责人会找到团队关键人员快速组建起自己的团队，并凭借良好的管理能力保证团队人员的稳定性。

2. 网络渠道广撒网。采用智联招聘、前程无忧等传统网络招聘渠道和行业性招聘网站有一定效果，也可以在 QQ 群、贴吧、豆瓣、微信公众号等渠道发布招聘信息。同时，更可以尝试一下新的社交、移动招聘网站，如若邻网社交招聘、Q 职微信招聘、新浪微博招聘、Linkin 领英招聘等。在移动互联网发展速度加快的今天，社交招聘和微信招聘等移动招聘在招聘领域的效果会越来越明显。

3. 内部推荐效果好。从经验看，银行内部员工推荐的人选往往准确率高、稳定性好，因此银行可以设立"伯乐奖"，给予推荐人才的内部员工适当奖励，奖励成本实际上比外部渠道招聘成本低很多，可以大大节约招聘成本。内部推荐应注意执行亲属回避制度，避免一些利益冲突的问题。

4. 高校合作设立"订单班"。"订单班"以准员工的标准来培养学生、吸纳人才，由学校和银行双方共同管理，共同制订专业人才培养方案，合作开发课程，共同指导学生学习、实训和就业。"订单班"可结合银行实际传授专业知识，并进行企业文化等方面的讲解与交流，使学生尽早熟悉银行、熟悉工作。

# 第二节　实战育人：入模子、搭梯子、磨刀子

如何让新入行员工快速地成长起来？秉承实践出真知的理念，通过实战模式开展员工培育的效果更好。实战育人一般要经过 3 个阶段（见图 4-1）。

图 4-1　育人三阶段

## 一、入模子

"入模子"，顾名思义，就是从事网格化工作的人员必须进到银行网格化的"模子"中，要将自己塑造成符合银行网格化管理的理想、目标、精神、情操、行为所要求的"形状"。主要可以从 3 个方面开展。

1. 统一思想，坚定树立网格化的市场意识和营销观念。在开展人员队伍建设的过程中，首先必须统一全体员工尤其是各级管理人员的思想，使大家充分认识到实施网格化管理、开展网格化队伍建设是实现农商行"再造"的重要手段，其涉及银

行业务流程中的每一个环节和每一个员工。全体员工都必须强化网格化市场意识、客户意识、竞争意识，加强工作中的协调和配合，树立"二线为一线，一线为客户"的观念，克服工作作风不严谨、服务观念陈旧、发展意识淡薄等问题，积极深入网格、深入客户，以客户满意度和业绩提升为标准，创造性地开展工作，为顺利实施网格化管理奠定良好的基础。

2. 舆论引导，合力讲好"网格化"故事。围绕"网格化"中心，农商行可以通过舆论引导，为推进网格化进程和发展创造良好的氛围。通过行内外媒体渠道，用正确的导向、准确的事实、生动的语言、精彩的叙述，讲好"网格化"故事，讲好网格化进程中行内的好人好事，塑造和传播优秀的典型，发挥凝聚人心、宣传鼓劲的重要作用。

3. 整合业务流程，完善网格化人员组织架构。以业务流程整合为重点，建立以网格为基础、以客户为中心的市场营销机制。努力实现各种金融服务一站式管理，即对同一客户的所有业务联系统一由客户经理负责；对内优化调查、评估、信用评定、贷后检查、台账管理及综合授信等职能，避免多头管理。

## 二、搭梯子

想要培养优秀的网格化营销队伍，就要给他们"搭梯子"——提供良好的机会和支持保障，让想干事的有机会，能干事的有舞台，干成事的有回报。

1. 建立岗位任职资格体系，明确职业发展通道。网格化营销队伍的组织模式可分为以下几大类（见图4-2）。

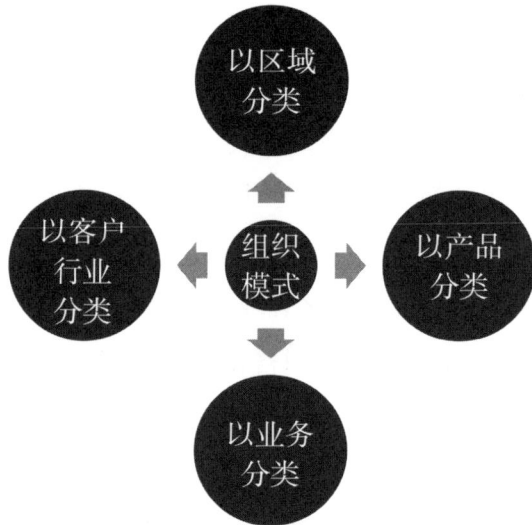

图 4-2　组织模式

　　任职资格体系的内容要与组织运作模式相匹配。任职资格体系通过规定明确的知识、技能、经验和行为标准，树立有效培训和自我学习的标杆，指引员工通过不断学习提高自身的职业能力，并在此基础上取得良好的工作绩效，促进个人职业发展。

　　营销人员取得的任职资格是其竞聘岗位或晋升的准入条件，任职资格主要通过资格认证完成。在某资格级别内的不同员工可根据不同的绩效考核结果，在同一级别内进行上下调整，并对应相应的薪酬水平。

　　2. 建立相适应的产品经理和风险经理协作机制。网格化管理成功的银行都有一个共同的特点，那就是都具有强大的协同作战能力。这些成功的银行在网格化管理过程中的每一个环节都精益求精，通过系统科学的预测、过程控制和事后评价，持续不断地改进工作中的薄弱环节，纠正工作中的偏差，实现精细化管理，有效降低经营管理成本。因此，农商行在打造网格化营销的过程中，也要在产品管理部门设置产品经理，在风险控制部门设置风险经理，为前台营销人员搭建工作平台；后台部门简化操作程序，提高审批效率，提供高效、优质的柜面结算并利用高科技金融服务手段，为前台人员提供业务支持。

## 三、磨刀子

要锻造一支过硬的网格化营销团队，要像"磨刀子"一样，层层除却锈蚀，现出锋利的刀刃。一方面，要引导队伍向更高目标追求，激励他们"比学赶超帮"；另一方面，要不断提高队伍的综合素质和业务技能，为客户提供持续、优质、高效的金融服务。

1. 完善考核体系，建立与绩效挂钩的薪酬分配机制。要充分发挥网格化营销人员的积极性和创造性，必须建立与绩效挂钩的薪酬分配机制和奖优罚劣的用人机制。明晰网格化营销人员的职责要求和对银行绩效的贡献份额，以业绩论英雄、凭贡献拿报酬、按表现定去留。通过科学考核客户经理的工作量、工作难度、承担风险状况和个人贡献度，客观公正地衡量客户经理的个人业绩，并与其收入和职务晋升挂钩。农商行要改革现有的考核方式，就要建立以网格化营销团队和网格化营销人员个人为考核单位的考核体系，客户经理的薪酬分配采取基本保障、绩效考核、全额浮动的方式，客户经理基本生活保障金和职级津贴按月发放，绩效工资以量化考核指标（包括资产业务、负债业务和中间业务完成情况）为依据，并采用部分薪酬延期分发的模式。

2.强化以实战培训为主的培训体系的建立。对网格化营销人员特别是新入行人员进行全面培训，并构筑网格化营销人员终身教育体系，是提高其整体素质、顺利实施网格化管理的重要一环。针对新入行营销人员大部分只懂业务产品理论，不熟悉营销方法的现实状况，增强"实战意识"，做好备战准备尤为重要。农商行对营销队伍的培训要强化实战，以实战的标准锻炼人、培养人，在市场、社区、村居实地教学，砥砺员工的斗志，让学员培训毕业即能走上营销战场，迅速融入团队。

【案例】

## 某城商行新入行营销人员培训方案介绍

某城商行实施网格化管理后，营销人员序列（见图4-3）从营销经理开始，向见习小微客户经理、正式小微客户经理、各等级小微客户经理等晋升，在不同的阶段安排的不同的培训可分为新人培训、提升培训和回炉培训三大类。

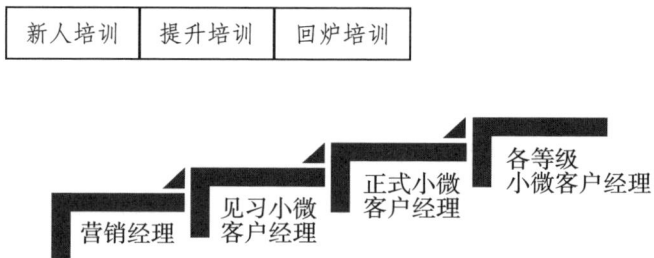

图4-3 营销人员序列

其中，第一阶段的新人培训目标定位于帮助新入职营销人员快速成才，具体体现在网格化营销的意识和基础能力的提升上，基础能力包括熟悉并掌握该行核心业务产品的相关知识和操作技能及拥有一定的风险识别能力，并在培训期内取得一定的营销业绩。该行将各分支机构选送的新入职营销经理集中至某标杆分行，进行 2 个阶段为期 3 个月的系统培养。其间分别进行针对基本规章制度等的理论学习及核心产品、小微贷款尽职调查等实战训练，具体包括：1 周的理论授课、8 周的负债类产品市场营销实战、3 周的小微信贷技巧学习。实战训练时将学员分为若干个小组，组长由优秀的支行团队长担任，优秀客户经理作为展业导师加入各训练小组。各（团队）训练小组以网格规划为基础，定域、定人、定时、定量地拓展业务，进行实战训练。通过系统的学习与实战相结合的方式，将选送的营销经理打造成符合该行网格化管理标准的营销经理，向各分支机构输送合格的小微营销人才。

# 第三节　竞争塑人："七招"打造狼性团队

　　面对日益激烈的市场竞争，越来越多的商业银行深刻地意识到，不能仅仅依靠一两个销售精英来支撑整个市场，要想在竞争中建立和保持优势，就必须打造一支过硬的销售和管理队伍，来确保在经济新常态下，始终保持稳健经营，实现创新发展。

　　如今的服务业一直在塑造狼性文化。市场需要竞争，企业需要竞争，有竞争才会不断地为自己增加活力，那些安于现状、不思进取、随遇而安的人很难适应企业需求，也容易被社会淘汰。任何一家企业都喜欢主动工作、阳光心态、结果导向的人，银行也需要这样的人，需要在文化导向上有"洗脑"、有行动、有疏导、有灌输，同时更重要的是要建立一支具有狼性精神的团队。狼性团队成员具有敏锐的思维与市场洞察力、不假思索的决断力、良好的执行力、协调团结的合作精神。狼很少单独出没，总是团队作战，所以才有"猛虎还怕群狼"之说。这种团队精神是严格的纪律与默契的协作带来的凝聚力，在我们的工作中，也同样需要这种默契的凝聚力。在银行的团队里，这种凝聚力体现为两种"爱"。第一种"爱"是严肃的爱，即标准、制度、纪律、要求；第二种爱是温暖的"爱"，即关爱员工，贴近群众，团体活动。管理严格是银行的规范和要求，没有规矩不成方圆，在"方"的基础上有"圆"的润滑，那我们才可以成为一个有竞争力、有凝聚力的银行团队。

塑造"狼性"团队，竞争就是活力，进取就是狼性。需要抓住和应用"七招"。

一是领导要"冲"。柳传志说过："以身作则，不是劝导他人的重要途径而是唯一途径。"想要员工有狼性执行力，领导就要冲在前面，要说"跟我冲"，而不是"给我冲"。

二是纪律要"严"。纪律，也就是制度。一个松松垮垮的业务团队，如同一盘散沙，即使有再多的资金和资源，也毫无竞争力。团队的执行力靠的不是自律，而是纪律。

三是责任要"明"。在银行，常听到"这事不归我管"类的话，也常见到"太监不急皇上急"的情况。为什么会这样？因为职责不清。大家不知道该干什么，也不知道怎么干，但是知道"干了没好处，不干也没坏处"。所以，必须明确各部门、各岗位的职责，以及每个人的年度目标、月度目标、周工作计划，建立工作日志，实施日清日结。管理只有以目标为指引，以结果为导向，员工才会做到行长在与不在一个样。

四是压力要"大"。华为为什么有如此强大的执行力？因为"末位淘汰"，员工感觉到危机。百度李彦宏也曾经说："淘汰小资是呼唤狼性，呼唤狼性就是要胡萝卜加大棒。所有员工要明确，想不求有功但求无过地混日子，请现在就离开，否则我们这一艘大船就要被拖垮。"

五是行动要"快"。狼性团队第一个特征就是"快"。市场竞争瞬息万变，如果你不比对手快一秒（不是一步，是一秒！），连残羹冷炙也分不到。

六是检查要"细"。团队管理者必须有"三个0"思维：开会不落实＝0，落实不检查＝0，检查不奖惩＝0。为什么工作有始无终、虎头蛇尾？因为检查缺位！按照管理学原理，员工不会主动做你希望做的事情，而是只做领导关注和检查的事情。如果只要求却不检查，员工就会敷衍了事，或者选择性执行。检查一定要细致，不能走马观花、蜻蜓点水。管理者在检查上降低标准，员工就会在执行上大打折扣。

七是考核要"准"。没有考核就没有管理。考核应该做到"准"，而不是"狠"。考核得准，会形成正向惩戒激励；考核得狠，会带来负面消极影响。对待执行力比较差的员工，一味地靠软环境去情感管理，他不会觉得"萝卜"珍贵，必要时的"大棒"才能激发起他们的潜力。

本章核心内容：金融产品是金融竞争最重要的武器弹药，在激烈的银行同业竞争中，金融产品要具备"人无我有、人有我优、人优我新"的竞争优势。一些标杆行的网格经营实践经验表明，网格化管理需要很好的"敲门砖"，并通过"运动式"的推动方式来快速打开局面。在此基础上，要通过核心产品的不断改进、优化，逐步树立银行良好的口碑和影响力，并积极利用新技术、新思维创新产品，对传统业务进行升级改进，提升核心竞争力。

# 第五章

网格化管理『武器篇』：『敲门砖』＋拳头产品

# 第一节　打开网格的"敲门砖"

当我们完成网格的划片分区和人员配置，面临的第一个问题就是"怎么打开这个网格"？当然这个网格可能是营销人员十分熟悉的市场，甚至是他土生土长的社区、村居。但是，即便是在十分熟悉的社区也会碰到怎么营销的问题。特别是一些刚刚进入职场的新员工，对陌生人开展营销是他们面临的巨大障碍，而一些成熟的客户经理，也面临在自己熟悉的区域难以开口的问题，因为网格内的客户很多都是亲戚朋友，摆摊搞活动、直接营销业务让他们感觉难为情。而在一些陌生的网格，特别是一些异地银行在开展网格化营销的初期，面临的是没有知名度、没有品牌、没有口碑等问题，一时很难得到客户认可。

## 一、"敲门砖"的特点

网格化管理强调客户覆盖率，每一个经营者都希望快速地覆盖市场，快速批量地获得客户的基本信息，但无论是通过渠道还是关键人切入，都避免不了需要通过拜访大量的陌生客户来获取客户，因此网格化管理在初期拓展中，需要有一款产品或者一项服务能比较容易地被网格内的目标客户接纳，业务人员能简单掌握操作，能快速批量地获得客户并为后续的深入营销打开局面，这也就是我们俗称的"敲门砖"。作为"敲门砖"，无论是服务类还是产品类，往往具有以下特点。

一是客户需求广泛，规则简单、有突出的亮点，往往一两句话就能迅速引起客户的兴趣。

二是办理门槛较低、资料简单、手续方便，客户一有兴趣便可立即办理。

三是费用低或免费，客户基本没有成本的负担。

四是后续服务丰富，便于客户二次营销。

## 【案例】

## 扫码付的早餐计划

某城商行将扫码付产品作为城区街区营销的"敲门砖"，主要有3个原因：一是扫码付产品需求广泛，一般街区商铺都有需求；二是扫码付产品办理门槛低，业务人员手持移动设备就可以上门办理（见图5-1）；三是扫码付需要后续服务，有利于开展交叉销售及深度营销。该行要求营销团队围绕"衣食住行"，把营销融入业务人员的日常生活。如该行某支行将早餐店作为扫码付营销的重点，将主城区分为若干个区域，分别制订了早餐营销计划，团队利用吃早餐的时机进行营销，吃一家营销一家，并总结出扫码付早餐店营销五部曲：一"看"，即选定营销目标，观察营销目标的经营规律及结算方式；二"吃"，选定营销目标后先去吃早餐，让自己成为营销目标的客户；三"聊"，选好营销时机，在客户闲时或在消费结账时引入扫码付话题；四"办"，在取得初步意向后及时收集业务材料，带上移动设备上门收集客户材料；五"访"，在客户开户后保持回访频率，及时关注客户流水情况，开展交叉销售及深度营销。分行后台部门对新开户进行后续管理，根据客户的扫码付流水将客户分为5类（以日均1.5万元存款为价值客户标准），分别为新开户、不动户、准价值户、价值户、优质户，每周把最新动态信息推送给客户经理，指导客户经理根据客户的不同类别进行后续的维护和营销。扫码付早餐计划实施以来，城区的早餐店基本被该行的扫码付业务所覆盖，扫码付成为该行在城区针对零售客户营销的利器。

图5-1　业务人员上门办理扫码付业务

## 二、"敲门砖"的推动方式

网格拓展的"敲门砖"应根据前期调研和分析网格的需求及竞争环境确定，并力求在短期内快速覆盖基本客户群体，迅速占领市场。因此"运动式"的推动方式非常适合"敲门砖"业务在网格的推进。所谓"运动式"的推进方式是指，在限定的时间内，明确各网格经营团队的目标任务，通过开展专项活动竞赛，让经营团队相互竞争，以迅速达到快速推进的目的，而业务人员能通过"运动式"的产品推进，对产品或服务从被动了解到熟练掌握，从而能更深入广泛地开展业务。

管理部门要对推进工作开展精细化的过程管理，首先要制作通俗易懂的产品宣传资料，便于业务人员上门宣传，确保每一个营销人员都能熟练运用"敲门砖"产品；其次要对产品的营销流程、营销话术进行规范；第三要加强过程管理，对营销进度要定期通报，对工作出色的营销团队及人员予以表扬并树立标杆，对业绩及进度落后的要开展督导。

在一些地区，一些中间业务、代理业务也成了很好的网格营销"敲门砖"，如在一些偏远村镇开展上门代收水电费业务。该项服务能解决偏远村镇居民的缴费难题，特别受村居中老年客户群体的欢迎，而经营团队虽然短期没有业务收入，但该项业务能快速地覆盖网格内的目标客户群体，而且业务人员定期上门接触客户，有充分的交流时间，有利于开展二次营销，是非常有效的"敲门砖"业务。

## 【案例】

### 台州银行"兴农卡"案例

"村聚易贷·兴农卡"是台州银行深入"三农"，践行"支农支小"服务理念的特色便民贷款产品。该产品以一站式、预授信、上门服务的方式，形成主动、覆盖式的普惠金融解决方案，解决农户贷款难、担保难的问题，推动普惠金融落地。同时，它也成为台州银行社区营销的"敲门砖"产品。该产品自推出以来获"浙江省银行业第四届服务'三农'十佳金融产品"和"2017年服务'三农'五十佳金融产品"称号。截至2018年6月末，兴农卡业务已覆盖3900个村居，授信笔数达209 398笔，授信金额为196.49亿元。

台州银行余杭支行地处城镇中心，周边村居、厂区集中，交通覆盖面广，适宜村居集中营销。该行采取"村居开拓群管理、整村式批量营销"模式，利用"村聚易贷·兴农卡"产品，村民只需提供身份证、户口本即可申请办理额度最高30万元的兴农卡业务，且一次授信、循环使用、随用随贷、通借通还。这项业务有效解决了农村小微客户融资难、融资贵的难题。如某村位于距台州银行余杭支行10多分钟车程的地方，全村个体私营小企业主较为集中，资金需求较多，经调查后，全村整体信用状况良好，符合台州银行批量授信的目标客户准入条件。台州银行余杭支行与该村村委联系后，签订合作协议；客户经理进村入户，集体营销。在授信大会现场，村民们拿着身份证、户口本开卡，最后授信100多户，总授信额度为9.55亿元，贷款余额4.46亿元。

（来源：腾讯新闻《城报》）

# 第二节　打造网格竞争拳头产品

"工欲善其事，必先利其器"，核心拳头产品是深耕网格的必备工具，也是网格经营单位主要的业务收益来源，同时也是在网格内树立市场口碑及影响力的主要工具。

金融产品有很强的同质性，非常容易复制及模仿，特别是在网格化管理中，因为主要的目标客户群体为村居居民、社区工薪族、街区个体经营者等基础客户群体，他们的金融需求具有普遍性、相似性，需求比较简单、大众化，因此在网格经营的产品开发上，要充分考虑经营策略及目标客户群体的属性。首先要谨防几个误区。一是产品追求"广而全"：希望什么客户都能做，希望客户的任何金融需求都能满足。结果导致产品数量众多，体系混乱，单个产品投入产出率低，资源浪费极大。二是新产品开发频率过高，金融产品有很强的同质性，模仿比较简单，往往同业出了新的产品就急于复制开发，老产品尚未成熟，新产品不断推出，业务人员疲于对各种产品的学习和掌握，导致没有重点，营销无所适从。三是产品以价取胜，价格竞争是产品竞争常用的方法，但在网格经营中，低价策略只适合初期市场开拓，不宜作为长期策略。

作为持续经营策略，网格化核心拳头产品应紧贴客户需求，充分依据"客户导向"，并根据客户需求及市场竞争环境的变化进行调整及优化，产品体系宜少而精、简而捷。网格化管理的目标客户群体是广大的零售基础客户，金融产品更注重背后人的服务，因此网格核心拳头产品要在效率及服务上下功夫。从几家网格化管理标杆银行的实践经验来看，它们的核心拳头产品往往具有以下属性。

1. 简单。从客户角度看，网格内的零售客户大部分是中老年客户群体，其文化程度普遍不高，因此对核心拳头产品的说明需通俗易懂、简单明了，便于客户理解；从业务人员角度看，因为强调本地化及人缘亲缘，客户经理很多是属地化招募，大部分没有银行工作经验，很多营销人员属于"一张白纸"，需要自我培养，因此核心产品的操作要简单，便于营销人员学习及掌握。

2. 方便。在网格经营中经常会听到客户说："你们的手续烦不烦？太麻烦我就不办了。"其实大部分客户在办理业务时依托对客户经理的信赖，对银行品牌的认可，因此在办理手续上要求尽量方便。而作为网格经营的营销人员，因为大部分工作需要人力劳动，客户经理的管户往往都达到百户级，业务手续的便捷性直接影响到客户经理的平均产能。近年来，随着电子科技的飞速发展，许多银行产品已经实现了"无纸化"操作，一些产品真正实现了客户纯线上操作。

3. 快捷。效率是银行零售业务的核心竞争力，特别是小微零售业务，"短小频急"是其显著特点。比如许多地区的民间借贷利率往往高于银行贷款利率数倍，但其依托快捷、方便的优势仍占据了一定的市场。台州地区的城商行在小微贷款业务上很早就提出"新客户3天，老客户1天"的效率口号，而随着移动展业设备、大数据风控技术的发展，更提出了"新客户

1天，老客户3小时"的新的效率承诺。在核心拳头产品的开发及运用上，效率是永恒的追求。

在网格经营中，核心拳头产品势必面临被模仿及同业同质化竞争等问题，因此需要迭代开发，在流程、手续、办理条件上不断优化，始终保持自身的竞争优势，做到"人无我有、人有我优、人优我新"。在网格化持续经营的战略背景下，银行的核心拳头产品也需要"工匠精神"，在产品细节上、在客户体验上不断提升、优化。

## 【案例】

## 台州银行"小本贷款"

"小本贷款"是台州银行小微金融服务的拳头产品。2006年，台州银行就与世界银行、国家开发银行合作，经由德国IPC公司引进了欧洲先进的小额信贷技术，并成功进行了本土化改造，推出了以小微企业、个体工商户、家庭作坊及农户为主要服务对象的特色贷款产品——"小本贷款"，这也成为中国首个小微企业信贷服务的专用注册商标。"小本贷款"的设计理念是"为过去大多数无法从银行获取贷款的小微企业、农户创造平等获得银行贷款的机会"。当时处于工业化和城市化发展进程中的台州，失土、离土农民开始自主创业，在城市里开展小本经营，在乡村开展作坊生产，他们处于社会经济的边缘地带，根本提供不了符合银行要求的抵押品，也不可能找到经济实力较好的担保人为之提供担保,融资难成为他们急需解决的问题之一。正是在这样的背景下，"小本贷款"应运而生。

"小本贷款"的额度为 2000 元至 100 万元，几乎不设贷款门槛，并且不强制客户提供经营资料证明、房产证明及银行流水证明，只要客户有创业意愿，又有一定的劳动技能，持续经营 3 个月时间，就可以携带身份证到台州银行贷款。台州银行的信贷员会下户调查，新客户经核实后两天即可拿到贷款，老客户贷款立等可取。这既为客户提供了更多机会，也为银行带来更大的获客空间。此外，台州银行还注重对客户的长期培育，当客户出现短期风险时并不过激反应，而是为客户提供额外的行业信息、经营建议等，帮扶客户渡过难关。

"小本贷款"为当地很多小微企业主提供了关键的资金支持："小本贷款"的客户中大约 60% 是第一次获得银行贷款的，大约 70% 的"小本贷款"客户是离土农民，约 20% 的客户是下岗工人。此外，还有 2%—3% 的客户是在台州的异地务工人员。

为了加大对小微企业贷款的投放力度，"小本贷款"设置了尽职免责机制，即若贷前调查、贷中审核、贷后管理等工作都能做到尽责，在发生贷款逾期时，可以给予放贷人员一定程度的免责。其中，主管层级的免责金额为其经手的贷款总金额的 1%，基层信贷员免责金额为其经手贷款总金额的 2%，而单笔贷款 20 万元以下可以完全免责。如此，信贷员减少了顾虑，客户也因此获得了更多成功贷款的机会。

截至 2018 年 6 月底，"小本贷款"累计发放 1053.59 亿元，支持了 69.42 万人创业致富，60% 的客户生平第一次获得银行贷款，创造了 238.07 万个就业机会。"小本贷款"构建起标准化、可复制、商业化、可持续的小额信贷商业模式，曾被中国银行业协会评为"2014 年服务小微企业二十佳金融产品"。

（来源：《中国银行业》2015 年第 9 期，腾讯新闻）

# 第三节　网格经营的产品创新

马云说："银行不改变，我们就改变银行。"互联网思维及技术给银行业带来了革命性变化。互联网、大数据的迅猛发展，一方面解决了银行业小微零售业务单户成本高、信息不对称等传统经营难题；另一方面也带来了金融脱媒、业务线上化等巨大挑战。以互联网小贷为代表的各种新金融业务给传统银行业带来了巨大的冲击，特别是以传统零售业务为主的农商行，就要发挥自身资源禀赋的优势，积极运用网格化管理守住传统的零售业务阵地；要积极利用新技术、新思维创新产品，对传统业务进行升级，以提升竞争力。

"全国小微看浙江，浙江小微看台州"，作为全国小微金改试验区的台州，小微贷款业务的发展及风险控制一直走在全国前列。总结台州在小微贷款产品方面的近几十年成功经验，可看出其小微贷款产品在要素上呈现几个方面的特色。

1.担保方式。从传统倚重抵押物到更注重客户的人品，担保方式更多地趋向信用。从客户层面来看，其准确切中了小微企业"担保难"的痛点；从银行经营角度看，其不与国有银行、股份银行争夺抵押贷款的市场，错位竞争带来了更好的收益。目前，台州3家法人城商行通过信用及保证担保方式办理的贷款比例占到了70%以上。

2. 还款方式。从传统的按期付息到期还款的方式，到随借随还的循环借款方式，更贴近小微贷款客户的用款需求。

3. 授信方式。从传统的以先申请后授信为主的被动授信方式，演变到以整村授信为代表的、先授信后用信的主动授信方式，更切合小微企业客户"短小频急"的融资特点。

通过网格经营的多年实践，以台州地区的标杆农商行、城商行为代表的银行在产品创新上呈现出几大趋势。

## 一、标准化趋势

产品从营销话术、客户准入条件、业务流程、业务资料、审批条件、贷后检查到后期客户关系管理（Customer Relationship Management，CRM）都形成统一的标准，产品从前期营销到后期管理都有清晰、简明的操作要领。标准的营销话术能帮助业务人员提高产品营销的成功率；标准的客户准入条件能帮助客户经理精准地选取目标客户，减少无效营销；标准的审批条件也让营销人员及审查人员统一认识，减少内部沟通的损耗；全流程的产品标准会大幅降低营销人员的时间成本，提高工作效率；等等。

## 【案例】

### 稠州商业银行城区网格拳头产品"市民贷"

定位于服务广大市民、小微企业的标准产品"市民贷"余额突破100亿元，成为浙江稠州商业银行破百亿元的小微金融产品。该行自

2015年7月推出该产品以来，不断优化改进该产品，在产品功能、授信要素、开卡及准入、业务流程、审查审批、风险监测、贷后管理等方面进行了标准化的设计，确保该产品能得到广大客户的欢迎。截至2018年末，该产品累计发放贷款125.40亿元，授信余额102.19亿元，支持了12 874户小微客户，不良率仅0.08%。通过3年的运行验证，"市民贷"实现了规模、质量、效益的可持续发展，并荣获"2017中国金融创新论坛"之"十佳金融产品创新奖"（零售业务）、浙江银行业第四届服务小微和"三农"双十佳金融产品评选之"十佳小微金融产品"及中国银行业协会第九届服务小微及"三农"百佳金融产品评选之"2017年服务小微五十佳金融产品"等多项荣誉。

## 二、智能化趋势

在获客上，传统的"扫街""陌拜"人力成本高，效率低下，借助大数据及互联网技术，通过渠道获客，成效可大幅度提升。如浙江某城商行在开展营销住房抵押贷款业务时，与当地移动公司开展数据合作，首先对区域内开发近10年的小区进行筛选，并通过移动公司对小区内30～50周岁的男性住户投放抵押贷款短信广告，批量精准地获得大量意向客户。在业务操作上，营销人员要在案头工作上花费大量时间，如客户征信信息的查询、法院信息的收集。现在通过与一些互联网信息公司合作，只要输入客户的身份信息，就能自动获取所需要的信息。在智能化方面，一些互联网银行已经实现了贷款的全智能操作，如微众银行的"微粒贷"产品，客户在线上提交申请，后台通过若干数据模型，对客户的征信信息、支付信息、社交信息等进行自动分析，并自动给出授信额度，整个过程全自动化处理，在几秒钟内就能完成。目前，浙江许多中小银行也都陆续建设了智能化的小微贷款审批系统，包括中西部一些领先的农商行也已完成了智能化线上贷款系统平台的搭建。例如，成都农商行针对全线上个人贷款，于2018年领先地区同业率先建成了"线上贷款作业系统＋智能风控决策引擎＋数据决策服务平台＋移动驾驶舱"的系统平台体系，可通过手机银行、直销银行、微信银行等渠道实现依靠大数据风控进行秒批秒贷、全流程无人工干预的个人贷款服务。

## 三、移动化趋势

人力资源是网格化管理的主要挑战，传统的做法是"人海战术"：营销端大量配置地推人员，以"扫街"形式开展营销。这种方式人力成本巨大。智能手机的出现带来了移动化工作的浪潮。在网格化管理中，无论是业务的外拓，还是驻点式的营销，通过建设"移动作业平台"，越来越多的业务实现了移动化办理。客户可以足不出户地办理银行业务，很多银行业务通过移动设备在银行经营场所以外就能办结。以台州银行、泰隆银行、路桥农商行等浙江地方银行为代表的小微网格化管理的先行者，近些年积极运用互联网新技术，对传统产品、作业模式进行了创新升级，极大提升了业务人员的平均产能，如泰隆银行通过移动PAD把70%的业务都移到线上处理，客户经理贷款管户数大幅增加。移动互联网技术使传统银行的经营成本大幅降低，经营效益大幅提升。

## 【案例】

# 泰隆银行 PAD 移动平台

浙江省安吉县的董岭村，往返集镇需要近 3 个小时，村民下山办理业务非常不便。针对此种情况，泰隆银行安吉支行的 1 名部门负责人和 2 名客户经理带着 PAD，在村里住了一晚，在两天一夜时间内集中发放了 20 多笔贷款。这是泰隆银行近几年推广的 PAD 金融移动服务平台和信贷中台集中作业。该行立足"前端信息化、后台工厂化"，客户经理人手一台 PAD，上门调查，现场录入基础材料和办理手续，银行则在后台成立集中审批中心，对前端传送的信息实行实时审批。以往办理一笔新的贷款要一两天，但通过运用移动 PAD，办理最快只需要 30 分钟；办理续贷仅需 3 分钟。前 9 个月，泰隆银行通过 PAD 端发放各类信贷业务 21 万多笔，移动金融替代率达 73%。目前通过 PAD 作业，泰隆银行的客户经理的平均管户数达 181 户，较之前增加 35.51%，全行不良率从年初的 1.30% 下降到 1.26%。

（来源：《金融时报》）

## 四、线上化趋势

在客户端，互联网技术的快速发展已经让绝大部分业务实现了线上办理。以理财业务为例，除了根据监管部门的要求，第一次购买需要在网点"双录"的环境下进行风险测评，后续都可以通过线上购买，客户可以在网上银行、手机银行上进行线上操作。

例如，稠州商业银行手机银行有 270 余项功能，实现个人业务存款、汇款、理财全覆盖，2018 年全年手机银行总交易笔数达 2000 余万笔，柜面替代率超过 40%，理财购买替代率近 80%，整体交易替代率已连续 3 年超过 90%。

许多贷款业务具备随借随还功能，贷款服务在网上银行、手机银行、微信银行或直销银行上就能在线实现，甚至只需二维码"扫一扫"就可完成贷款申请、提款、还款全流程，无须安装下载 APP。例如，成都农商银行针对成都市住房公积金客户、行内资产达标客户，在微信银行上首次推出新一代全线上个人消费贷款产品——"蓉易借"，一次授信 3 年，最高可贷 30 万元，随借随还，只需关注微信公众号或者扫一扫即可办理；重庆农商行推出手机 APP "渝快贷"，这是一款全线上消费信用贷款产品，综合税务、代发工资、房贷等银行内外部数据进行自动授信。据公开新闻报道，该行通过"渝快贷"受理并通过 1.5 万人的贷款申请，累计授信额度达 41.0 亿元，发放贷款 1.2 万笔，金额总计 4.6 亿元。

本章核心内容：网格化管理是一个对展业区域精耕细作的过程，很重要的是如何做到"简单的事重复做"，考验的是经营团队的定力和耐力。仅仅依靠行政命令或短期的激励很难做到持续性。很多行在实施网格化项目后，面临如何固化、后期如何坚持的问题。因此，在管理上要做到精细化，管理部门就需要一整套管理工具，引导从经营团队到业务人员都形成良好的工作习惯，从而提升工作效率和业绩。

第六章

网格化管理『工具篇』：图、表、会、志、报

# 第一节　"一图三表"勤管理

"一图三表"是网格化管理的基础工具，"一图"即"网格地图"，也是作战地图；"三表"即"网格目标市场开拓规划及推进表"、"网格目标市场分析及实施表"和"网格工作日志"，分别由经营网点、业务团队和客户经理三个层面的人员负责填写（也可以根据每个行的组织架构进行分工填写）。具体实施步骤如下。

（一）目标设定与分解

网点根据全年目标经营考核责任制，设定网点的年度经营目标，并将总体目标在纵向、横向和时序上分解到各层次、各部门以至具体人员。目标分解是总体目标得以实现的基础。常用分解方法包括指令式分解与协商式分解，这两种方法都可采用系统图法（见图6-1）。

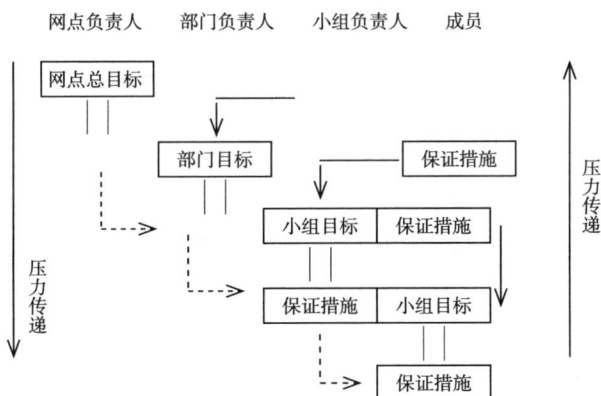

图6-1　目标分解法

将一级目标分解，届时将实现一级目标的手段作为二级目标，以此类推，一级一级地分解下去，从而形成一个"目标—手段"链。同时要将目标按时间顺序分解，即定出目标实施进度，以便实施中的检查和控制。

（二）制订业务拓展计划

业务团队和客户经理根据目标分解情况，制订有针对性的业务拓展计划，包括存量客户维护计划及增量客户开拓计划。一般来说，保持"存量目标"的方法主要有客户拜访、关系维护等。扩大"增量目标"的方法主要是新市场开发、新客户开发、新产品推广、渠道建设、营销活动等。计划制订完成后，客户经理和业务团队可先预报目标市场。

（三）进行划片分区、市场布局

"存量目标"可以从原有市场实现，"增量目标"既可以从原有市场实现，也可以从新的市场布局中实现。网点根据本区域行政区划、行业经济等因素，结合业务团队和客户经理预报的目标市场情况细分市场，进行划片分区、市场布局。

1.常用方法。市场布局有两种方法：一种是广度布局，即开发更大的市场；另一种是深度布局，即精耕细作的程度加深。但目前大多数网点都不自觉地使用广度布局，这种布局方式往往会失败，因为布局范围越大，市场维护越难，服务要达到极致也会更难。比较好的布局是深度布局，对选中的目标市场一定要精耕细作。

2.布局原则。以网点为中心，车程30分钟为半径（或20千米范围内）。

完成该步骤后填写"网格目标市场开拓规划及推进表"（见表6-1），同时绘制"网格战略地图"。

表6-1　网格目标市场开拓规划及推进表

| 目标市场种类 | 目标市场名称 | 主要产品 | 年度目标指标名称 | 年度目标指标任务 | 业务团队 | 责任人 | 1月 | | 2月 | | 3月 | | 4月 | | 5月 | | 6月 | | 7月 | | 8月 | | 9月 | | 10月 | | 11月 | | 12月 | |
|---|---|---|---|---|---|---|---|---|---|---|---|---|---|---|---|---|---|---|---|---|---|---|---|---|---|---|---|---|---|---|---|
| | | | | | | | 计划完成 | 实际完成 | 计划完成 | 实际完成 | 计划完成 | 实际完成 | 计划完成 | 实际完成 | 计划完成 | 实际完成 | 计划完成 | 实际完成 | 计划完成 | 实际完成 | 计划完成 | 实际完成 | 计划完成 | 实际完成 | 计划完成 | 实际完成 | 计划完成 | 实际完成 | 计划完成 | 实际完成 |
| 专业市场 | | | | | | | | | | | | | | | | | | | | | | | | | | | | | | |
| 街区、商圈 | | | | | | | | | | | | | | | | | | | | | | | | | | | | | | |
| 居民社区 | | | | | | | | | | | | | | | | | | | | | | | | | | | | | | |
| 园区 | | | | | | | | | | | | | | | | | | | | | | | | | | | | | | |
| 村居 | | | | | | | | | | | | | | | | | | | | | | | | | | | | | | |
| 其他 | | | | | | | | | | | | | | | | | | | | | | | | | | | | | | |

（四）推算工作目标

通过市场布局的筛选，确定目标市场，由目标市场的责任人牵头针对目标市场逐个开展信息搜集调研，重点对目标市场的客户数量、金融需求特征、适用产品类型、营销策略等开展分析和研究，推算工作目标。

完成该步骤后完善"网格战略地图"，并填写"网格目标市场分析及实施表"（见表6-2），选填"××市场/村平面图"。

表6-2  网格目标市场分析及实施表

| 经营单位名称 | 目标市场（客群）名称 | 目标市场（客群）类型 | 地理位置及范围 | 周边主要金融机构 | 介入时间 | 人员安排 | 时间安排 | 目标市场（客群）总客户数/户 | 已开户数（个人、公司户合计）/户 | 主要资产类产品 | 主要负债类产品 | 主要中间业务 |
|---|---|---|---|---|---|---|---|---|---|---|---|---|
|  | 市场机会分析 |  |  |  |  |  |  |  |  |  |  |  |
|  | 营销方案 |  |  |  |  |  |  |  |  |  |  |  |

填表人：　　　　联系方式：

（五）开展业务拓展

按照总体的规划和工作计划，组织网点全体员工积极开展业务拓展。业务人员开展业务拓展时，须认真填写"客户经理营销记录表"（见表6-3）。

## 表 6-3 客户经理营销记录表

| 客户经理： | | | 日期： | |
|---|---|---|---|---|
| 客户关怀 | | | | |
| | 客户姓名 | 主要内容 | | 回访成效 |
| 备忘录 | | | | |
| | | | | |
| 电话拜访 | | | | |
| | | | | |
| | | | | |
| | | | | |
| | | | | |
| 现场拜访 | | | | |
| | | | | |
| | | | | |
| | | | | |
| | | | | |
| 今日工作计划及实施小结 | | | | |
| 今日工作计划 | | 完成情况 | | 未完成原因及需要协助的问题 |
| 1. | | | | |
| 2. | | | | |
| 3. | | | | |
| 4. | | | | |
| 5. | | | | |
| 所在部门： | | 部门负责人： | | |

（六）做好过程监测

管理部门要加强对"一图三表"的过程管理，及时跟进工作的开展进度，督导相关责任人按时上报"一图三表"。在业务拓展过程中，若信息发生变化，管理部门应及时补充或修改。

（七）实施效果评估

实施效果的评估主要包括对目标完成率、目标市场占有率和市场偏离度等的评估。本步骤主要由总、支行业务管理部门执行，实施效果应纳入机构经营目标考核中。

# 第二节　开好"三会"有窍门

日常工作会议是营销团队沟通、分享和激励的平台，是营销过程精细化管理的工具。以网格化基础经营网点为例，常规会议主要有晨会、夕会及周例会。此外还有一些专题会议，如小型贷审会等。

1.晨会。"一日之计在于晨"，晨会是一天工作的开始，也是一天营销的"鼓气会"。时间一般为上午上班前，要求全体团队业务人员参加，会议时间一般控制在 30 分钟以内，内容主要包括早会问候、工作计划安排、部门相关事宜通报、团队风采展现（喊队名、口号等）、做团建游戏等。晨会的形式可以多样化，但必须每天召开，形成习惯。一个有效的晨会是一天营销工作良好的开始。

【案例】

### 一天从快乐晨会开始

某农商行支行是系统内标杆支行，该支行从开业的那一天起，就把晨会作为支行的传统较好地坚持着，全体员工风雨无阻，共同参与。井然有序的准备是晨会的前奏，铁一样的纪律和以行为家的责任感把全体员工紧紧地凝聚在一起。每天早上，支行全员提前15分钟到达营业场，大家穿戴整齐、精神抖擞。"小伙伴们，早上好！""好，很好，非常好！"在响亮的问候声中，晨会正式开始。

晨会分为业绩通报、工作布置、表扬激励、开心一刻等4个小板块，由支行员工轮流主持。大家从一开始的羞涩紧张到现在大方得体、顺畅流利；形式从原先的单一汇报、模仿借鉴到现在的生动有趣、创新多元。小晨会就像一个大舞台，充满了魔力和魅力，让支行全员通过这个舞台锻炼成长、展现自我，它也在日常实践中不断被深化和丰富，它在优化支行管理和业务发展等方面都发挥了积极的引导作用。

晨会"开心一刻"是员工们最喜欢的环节。团队游戏的开展迎合了员工的喜好，在每一阵爽朗的笑声中，员工感受到积极向上的态度和团结协作的关系。此举措不但创新了晨会的内容和形式，而且使同事之间的关系变得融洽，同时还提升了员工的协作能力，使晨会彰显出民主和谐的气氛。营业大厅欢声笑语，充满乐趣。这也是支行每日晨会"开心一刻"的缩影，丰富多彩的游戏轻松愉快地开启了员工们新一天的工作，不仅增进了员工彼此间的感情，还鼓舞了全员士气，营造了全力以赴、齐心协力的团队氛围。

"撸起袖子加油干！"在昂扬的口号中晨会结束了，大家带着激昂的精神投入了繁忙的工作中。虽然晨会只有短短15分钟，但在全员坚持不懈的努力下，产生了令人惊奇的效能。

2.夕会。夕会是一天工作的总结会，也是营销人员的"分享会"，主要内容有夕会问候、团队成员工作总结（团队成员总结当日工作完成情况，每人规定发言时间）、经验分享（团队成员分别分享当日工作心得及经验）等。团队长要利用夕会，对每个业务人员进行点评，指出不足之处，提出改进意见，对受挫人员要进行抚慰及鼓励，会后做好业务数据的汇总，通过固定渠道报送上级行。

3. 周例会。周例会以经营网点为单位召开，可以安排在周五下午或周一上午，由网点负责人主持，主要内容有本周重点工作推进情况及业务数据通报；下周重点工作布置；新的业务政策、流程、产品的宣导学习。周例会是一周工作的总结及下一周工作的规划，网点负责人要利用周例会，及时总结网格化营销的阶段成绩，通报业绩排名，对工作突出者要及时表彰。

除了以上三会以外，小型贷审会也是一种很好的会议形式。小型贷审会由客户经理、团队长、风险审批人或有审批权限的网点负责人组成。一般小型贷审会在经营网点召开，由客户经理轮流对申报的小微贷款进行汇报分析，由风险审批人进行点评，其他人可参与讨论。对于新员工来说，参与小型贷审会能快速提升小微贷款调查及风险控制的能力，加快成长。

## 【案例】

### 三天不开会 变成游击队

网格经营是慢工出细活，优秀的会议制度是日常经营管理的良好抓手。以社区化经营为基础战略的某小微标杆城商行从创始开始就十分重视会议文化，该行内甚至流传一句老话："三天不开会，变成游击队。"这表明会议文化在该行内部管理的重要地位。该行长期以来通过早会、周学习会、部门例会、条线工作会议、部门联席会议等不同层次的会议促进行内纵向、横向之间的沟通，该行的会议文化有几大要求。一是严肃会议纪律，会议不可迟到，会中手机更不可响。二是参会必须带笔记本，做到及时记录。三是会议不占用上班时间。四是会前明确主题、事先通告，开会时直击主题，尽可能会上形成决议。五是具体议题由最知情的主责人员直接汇报。六是会议的记录要完整，纪要要及时。会议召开后两日内，下发会议纪要。七是定期对会议的落实情况进行检查。归纳起来，该行将会议作为精细化管理的重要组成部分，会议讲求时间成本，讲求实际效果，不追求形式，追求具体问题的解决和更顺畅地开展工作。优秀的会议文化目前已经成为该行精细化管理的优良传统。

# 第三节　一日一志成习惯

营销人员要形成记录营销日志的习惯。一方面，它使工作更有计划性；另一方面，便于及时记录客户的有效信息，形成客户的数据库，便于客户维护及管理。营销日志要简明扼要，一般采用每日8小时工作制记录，连续记录，写清工作时间和工作内容。日志填写内容主要包括：当日工作计划，每时段工作内容、完成情况，重大事件的记录，问题的处理，工作总结及心得体会等。为避免工作日志流于形式，营销日志要实行逐级检查。团队负责人对本部门的营销人员执行周（每周一对上周）工作检查、批阅；支行行长对营销团队执行月（每月10日前对上月）工作抽查、批阅。对于检查营销日志发现问题的，应及时交流沟通，由上级辅导下属。同时，支行行长须向上级部门逐月汇报。

传统的工作日志为表单式。随着电子科技的进步，许多行已经开发了电子日志，并整合到CRM系统。日志采集的客户信息能直接导入CRM系统，并积累到数据库引导业务营销。

## 【案例】

## 客户经理营销日志模板

| 201×年度××支行客户经理营销日志 | | | |
|---|---|---|---|
| 客户经理： | | 日期： | |
| 客户关怀 | | | |
| | 客户姓名 | 主要内容 | 营销成效 |
| 备忘录 | | | |
| | | | |
| 电话拜访 | | | |
| | | | |
| | | | |
| | | | |
| | | | |
| 现场拜访 | | | |
| | | | |
| | | | |
| | | | |
| | | | |
| 今日工作计划及实施小结 | | | |
| 今日工作计划 | | 完成情况 | 未完成原因及需要协助的问题 |
| 1. | | | |
| 2. | | | |
| 3. | | | |
| 4. | | | |
| 5. | | | |
| 所在部门： | | 部门负责人： | |

# 第四节　榜单简报好工具

## 一、工作简报

网格化管理工作简报适合在分行及总行层面，一般按月或按季定期发布，主要内容包括但不限于：各网点阶段工作成果排名，阶段工作亮点，主要问题及解决方案，典型经验分享，等等。

简报的主要作用在于让管理层掌握网格化推进的工作进度，促使各经营单位形成比拼意识，同时对典型经验做交流分享并能良好复制（见图6-2）。

## 二、微信工作群

微信是目前最常用的社交工具。在网格化营销工作中，各种微信工作群已成为团队简单有效的管理工具。

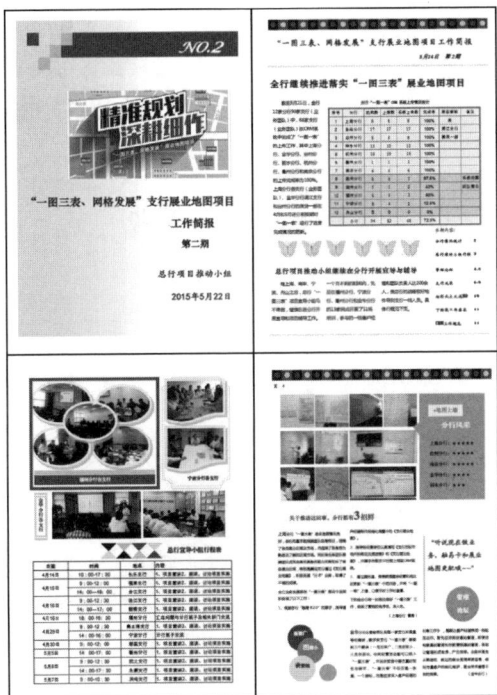

图6-2　工作简报

1. 业务人员交流群：全体营销人员及管理部门相关中后台人员加入，主要解决营销当中的产品问题、系统问题、政策问题等。营销人员可以相互解答、交流，中后台管理人员要及时对业务一线的代表性问题反应、解答，要做好问题的收集与整理，形成问题解答集供学习及分享。

2. 日常工作播报群：每个营销人员外拓工作时须上传一定数量的工作照片，夕会后上传营销工作日志，团队长在每日夕会后须上传团队每日工作业绩，支行行长对团队业绩及客户经理当日工作进行点评。

## 【案例】

### 团队每日业绩播报模板

××团队×月×日战报

新增存款×户×万元

小微贷款办理×户×万元

理财销售×户×万元

手机银行×户、网银×户、微信×户、POS×户、扫码支付×户

代发工资×户

收集名片×张、客户微信×户、客户信息×条

部门当日工作亮点

## 三、业绩榜单

定期公布团队、营销人员业绩排名，鼓励优秀、鞭策后进，业绩榜单时效性要强，应公布于主要办公区域，位置要醒目，形式可以活泼生动（见图6-3）。

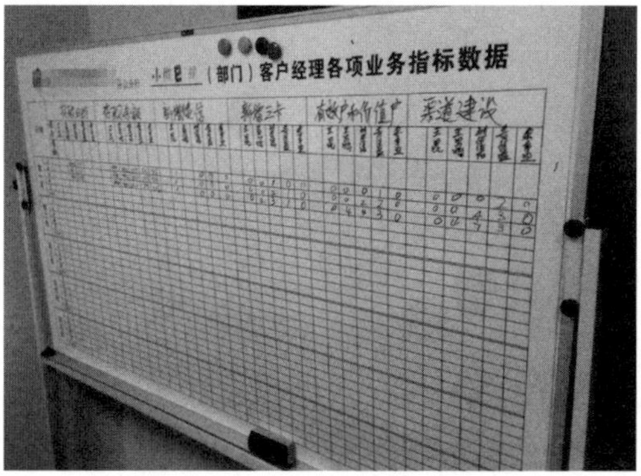

图6-3　某城商行网格营销的业绩榜单

本章核心内容：考核是最重要的指挥棒。为更好地推进网格化管理工作，必须建立健全考核制度。因网格化管理不能一蹴而就，所以考核也不能急于求成，而要分步实施，稳步推进，每个阶段的考核侧重点也要有所区别。

第七章

——

网格化管理『考核篇』：以业绩论英雄

# 第一节　以业绩论英雄

为全面推进网格化管理工作，发挥网格化管理模式在农商行经营管理中的作用，提高基层经营行网格化执行水平，必须统一思想认识，制订网格化工作的考核方案。

## 一、考核的指导思想

坚持"支农支小"定位，着力推进精细化管理，通过"区域定格、网格定人、人员定责"的方式，构建"分级管理、层层履责、责任到人、横向到边、纵向到底、纵横交错、全面覆盖"的网格化管理体系，努力建设"统一领导、齐抓共管、责任到位、共同促进"的网格化管理机制，努力做实区域金融服务工作，为区域经济的发展做出贡献。

## 二、考核原则

要按照公开、公平、公正、客观、量化的原则，正确评价网格的年度工作表现和效果，激励网格人员不断提升服务水平，促进银行业务的有效提升和品牌知名度的提升。

1. 以业绩考核为主。考核要以 KPI（Key Performance Indicator，关键绩效指标考核法）为重点，在实际工作中有大量的因素会影响银行总体目标，但根据管理中 20/80 原则，少数关键性因素会对银行目标的实现起到决定性作用。关键绩效指标的设定正是为了抓住这关键的少数，使考核起到事半功倍的作用。在网格化管理考核中，要注意的是由于阶段不同，关键指标的设计也要有所区别（具体见下一节的介绍）。

2. 以客观事实为依据。对网点和员工的绩效评估应该依据客观事实而不是印象或主观臆断，这是保证考核结果客观、公正的重要前提。应当培育"让数据说话"的考核理念；同时要建立起有关考核指标的数据及相关信息的收集、统计系统，明确相关责任部门和责任人。

3. 实行自我评价、管理部门评价相结合。绩效考核是一个考核者与被考核者的沟通过程，而自我评价是这种双向沟通的实现形式。逐级考核对于绩效考核的组织实施非常重要。管理部门对网点负有监督、管理、指导的责任，网点对员工负有监督、管理、指导的责任，实行上级对下级考核，一级对一级负责，是逐级考核原则的体现。

4. 简化操作，强化执行。操作简便而有效是考核制度追求的目标。从绩效考核的实践看，考核制度过于烦琐是其流于形式或难以执行的重要原因。有了合适的考核制度，剩下的就是执行问题。可以说，考核制度的执行比考核制度的设计更关键、更难。考核制度的执行要从两个方面入手：一是过程方面，考核一定要按照程序和标准去做；二是考核结果要真正得到运用，比如，绩效工资的发放要严格依据绩效考核的结果执行。

5. 考核结果与员工的工资发放、人员调配、晋升辞退等紧密结合。考核应当居于人力资源管理的核心位置，就是人力资源管理的各个主要环节，如人员使用、工资分配、人员培训都要以绩效考核结果为依据，建立业绩、能力导向的人力资源管理体系，激发员工努力工作，促进公司经营管理目标的实现。

## 三、考核的注意点

考核过程中不可避免地存在这样或那样的偏差，一定程度上影响着绩效考核的公正性、客观性。因此，要克服干扰，全面、客观、公正地对被考评者的工作进行评价，同时要进行必要的培训，以减小偏差，使考核的有效性最大化。其中，考核沟通是否有成效，是影响考核结果是否公正、公平的重要因素，一个绩效管理的过程，就是一个考核沟通的过程。对管理者来说，考核沟通有助于管理者及时了解考核对象的工作状况，针对考核对象存在的问题进行相应的辅导支持。对被考核者来讲，及时得到自己工作的反馈信息和管理者的帮助，能不断改进不足。通过考核沟通，管理者与考核对象能够真诚合作，形成绩效伙伴关系，管理者的工作会更轻松，考核对象的绩效会大幅度提高，绩效管理就成了很简单的事情。而且，考核沟通也是一个发现人才、辨别人才的过程。

考核沟通虽然如此重要，但是在很多农商行都没有得到有效推行。这主要是由管理者和考核对象两方面造成的。就管理者而言，原因主要有3种：缺乏沟通意识、缺乏沟通能力、缺乏沟通态度。而考核对象则存在着对考核沟通的恐惧，很多人认为绩效考核是跟他们作对，是为了扣工资。而考核沟通，则使考核对象工作中的一些弱点和不足暴露出来，考核对象本身就存有不安和恐惧。再加上很多管理者在沟通中处理问题不当，就更会引起考核对象的抵触和不满情绪。

## 【案例】

## 网格化管理考核方案

考核方案的制订要根据各行的实际情况，网格化管理考核方案一般包括以下6个方面的内容。

一、指导思想

坚持"支农支小"定位，着力推进精细化管理，通过"区域定格、网格定人、人员定责"的方式，构建"分级管理、层层履责、责任到人、横向到边、纵向到底、纵横交错、全面覆盖"的网格化管理体系，努力建设"统一领导、齐抓共管、责任到位、共同促进"的网格化管理机制，努力做实区域金融服务工作，为区域经济的发展做出贡献。

二、考核原则

按照公开、公平、公正、客观、量化的原则，正确评价网格的年度工作表现和效果，激励网格人员不断提升服务水平，促进银行业务的有效提升和品牌知名度的提升。

三、考核内容

主要围绕基础工作、日常工作、系统评价、综合评价四部分内容进行考核。

（一）基础工作

1.制度管理，主要是有没有制订《网格化管理实施细则》等相关制度。

2.队伍管理，主要是有没有落实"一格四员"及相关的岗位职责。

3.数据管理，主要是客户信息表的采集数量和质量。

（二）日常工作

1.人员履职情况，是否定时、定量走访网格内的客户。

2.营销活动安排，是否安排各类营销活动，如送金融知识下乡、介绍银行的产品和服务、提供各类专业的知识讲座、开展专项的文体活动等，以及活动的成效如何。

（三）系统评价

1.业绩增长评价，如客户数、存款、贷款及各项中间业务的增长情况。

2.客户满意度测评，随机抽选网格内的客户，让他们填写满意度调查表。

（四）综合评价

由考评小组对网格工作情况及网格工作人员进行综合评价。

四、考核方式

对支行的考核由总行考评小组每年组织开展一次，支行可以组织考评小组对支行内的网格每半年考评一次，主要采取以下方式开展。

1.查阅工作台账和记录。检查网格工作日志、会议记录、活动开展记录、授信资料档案、系统提取数据等书面和电子资料。

2.实地检查。查看网格内"网格管理员"牌子的设立情况、金融服务站的运作情况、重点活动的实时参与情况。

3.听取工作报告。听取支行行长、网格管理员等相关工作人员的工作汇报。

4.问卷调查。走访网格内的经营户、居民，了解客户对网格工作人员工作情况的评价，并开展问卷调查，了解客户对本网格的满意度。

5.开展综合评价。由考评小组对各网格工作情况及网格工作人员进行综合评价。

五、考核分值及等次评定

（一）分值设置

网格考评总分为100分，其中基础工作20分，日常工作30分，系统评价40分，考评小组对各网格的工作态度、工作水平、工作效果的综合评价10分。

（二）等次评定

1.优秀：考评总分90分（含）以上。

2.良好：考评总分80分（含）—90分（不含）。

3.合格：考评总分60分（含）—80分（不含）。

4.不合格：考评总分60分（不含）以下。

六、考核结果的使用

1.根据各网格的考评成绩，评出"最佳网格支行""最佳工作网格""十佳网格管理员""十佳网格协管员""十佳网格联络员""十佳网格监督员"等，并给予表彰奖励。

2.各客户经理、各支行的网格化管理工作得分要与各客户经理、各支行年终评先评优挂钩，网格化管理工作得分应占年终考核总分值的30%。

# 第二节　网格化考核的 3 个阶段

考核方案制订后并不是一成不变的，而是要根据不同的阶段对业绩增长评价做好量化考核工作。需要注意的是，在不同阶段，业绩评价的关键指标应有所区别。

## 第一阶段：授信率、签约率

授信率＝授信的户数÷（户籍在册的户数减去不宜授信的户数）×100%。

签约率＝签约的户数÷（户籍在册的户数减去不宜授信的户数）×100%。

这一阶段，主要鼓励各支行、各网格管理员努力提升授信的覆盖率，做到"广撒网"。提高授信率最有效的办法就是整村批量主动授信，通过"背靠背"评议，得到初评结果，再通过农商行内部审批流程确认授信额度。按照正常情况测算，一般白名单户数可以占全部户数的 60% 左右。

授信以后还有一个关键的环节就是签约。目前农商行基本上都具备手机银行业务，因此用手机作为客户的提款、还款渠道，可以大幅度提升客户的体验。随着智能手机的普及，这一渠道将越来越重要。

## 第二阶段：用信率

用信率＝用信的户数÷（户籍在册的户数减去不宜授信的户数）×100%。

通过授信关键要为农商行带来真正的业务增长，因此用信率是检验第一阶段工作是否有效的重要指标。如何鼓励客户使用农商行的信用额度？一方面，必须提升便利度，让客户真正足不出户就能享受金融服务，比如让客户掌握手机银行提款、还款功能，进行金融知识的普及宣传；另一方面，必须努力降低融资成本，让客户得到实惠，前期推动的过程中可以多做一些营销活动。

## 第三阶段：提升率

提升率＝用信并增额的户数÷用信的户数×100%。

随着客户用信情况的数据积累，农商行可以根据客户的实际情况增加信用额度。一般有两种方式：其一是根据客户交易数据及第三方数据等资料设定额度调整模型，小幅度增加客户的纯信用额度；其二是客户经理实地调查，采取抵押、保证等措施增加客户的授信额度。这样，客户对银行的价值贡献度逐步增大，客户的忠诚度也会越来越高。

当然，除了上述重点指标外，还可以设置新增客户数、存款、资产质量及各项中间业务增长指标，加强对网格管理员的综合考核，确保业务协调发展。

本章核心内容：无论是管理规范化、整村授信还是精准营销，都需要专业的信息系统的支持。一方面，通过信息系统的支持可以提升风险防控能力，节约客户经理和管理人员的工作量；另一方面，可以将相关工作固化，确保网格化管理工作一以贯之地执行。本章通过对网格化系统的主要模块、系统结构、系统功能等的介绍，让读者对网格化管理科技系统有一个比较全面的了解。

# 第八章

网格化管理『科技篇』：网格化管理信息系统

# 第一节　系统主要需求点

近年来，农商行经历大水漫灌式的快速发展阶段，走了一些弯路，累积了一些不良贷款。中央经济工作会议特别强调，农商行、信用社业务逐步回归本源。因此，农商行进行差异化的市场定位，调整信贷结构，做小做散、做深做透市场成为共同的方向。

网格化管理可以集中有限资源，更细致地满足目标客群的各种个性化需求，并在此过程中逐步培育"客户群和根据地"，积累农商行的核心竞争力。但由于农村客户数据不充分，信息不对称，很难实现农村市场零售业务做深做透的目标，建设一套网格化信息系统（见图8-1）对于实现数据融通、解决客户信

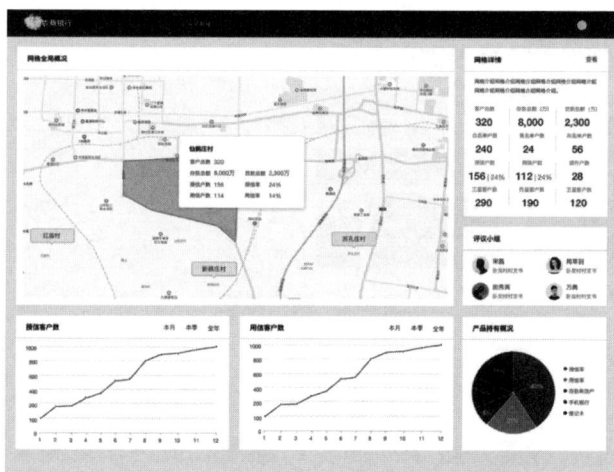

图 8-1　网格化管理系统 PC 端展现图

息数字化、防范信贷风险和减少客户经理工作量等各方面都非常有必要。

因此，在研究浙江农信发展的先进经验基础之上，要针对农商行实际情况，选择网格化管理所需的基本要素，并将其转化为信息系统，充分利用网格化系统的建设为农商行转型发展提供强大的动力。要满足网格信息化管理需要，该系统应涵盖以下内容。

1.支持移动办公。该系统应该支持手机 APP，H5，PAD，PC 等访问方式。

2.零售信贷流程实现自动化。该系统要将零售信贷特别是信用类贷款业务的办理全流程优化，将大多数线下流程搬到线上，极大地减少客户经理的工作量，提高工作效率。

3.网格客户实现全覆盖。通过网格化系统，做到区域全覆盖、客户全接触、市场全掌握（见图 8-2）。

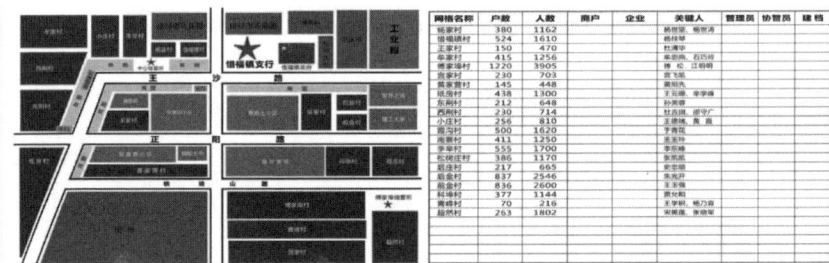

图 8-2　网格数据

4.客户进行分层管理。通过客户分层管理、客户标签管理、白黑灰名单管理等手段来绘制客户画像，最终实现精准营销（见图 8-3）。

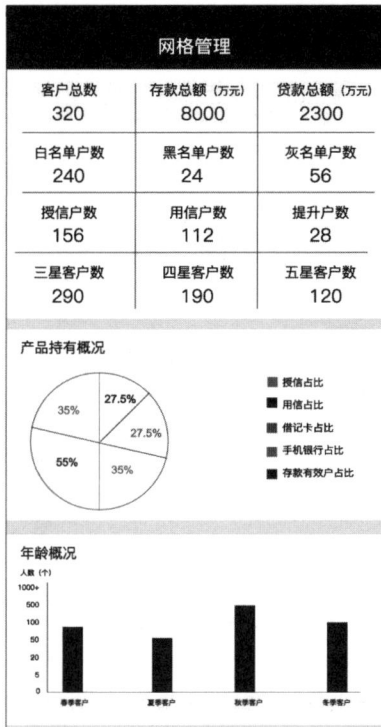

图 8-3　客户分类视图

5.风控评分模型。该系统应自动查询失信人等信息，对征信报告进行解析，对客户进行评分，防范信用风险。

6.客户拜访轨迹管理。通过 PAD 或手机 APP 的 GPS 定位功能，来记录客户经理的拜访轨迹，以加强对客户经理的日常行为管理（见图 8-4）。

7.存量数据分析比对。通过对客户存量数据的比对，可掌握已有客户的产品持有信息，并指导对新客户的开拓（见图 8-5）。

8.网格二维码营销。每个网格对应一个二维码，可链接各种营销活动和产品推广，还可与微信公众号对接，利用微信媒介做病毒式营销（见图 8-6）。

图 8-4　客户经理拜访轨迹

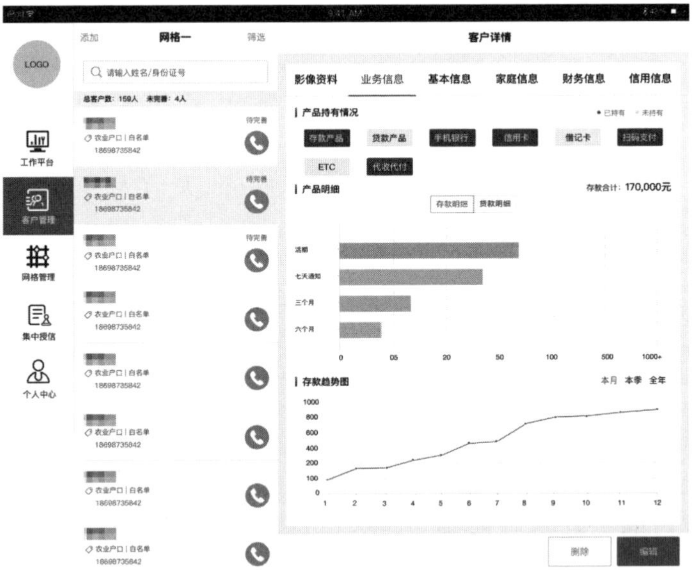

图 8-5　客户业务信息视图

图 8-6 网格二维码视图

9. 贷款审批可批量操作。在合规的前提下，该系统应尽量减少贷款审批操作的工作量，可对符合贷款条件的客户进行批量审批（见图 8-7）。

图 8-7 贷款审批批量操作视图

10. 可与行内相关系统对接。如在开通行内信贷系统接口的前提下，网格化系统可将信贷系统放款所需的客户信息、贷款信息、合同信息等数据自动上传，实现线上自动放款。

# 第二节 系统总体架构

## 一、系统功能结构

以系统功能结构为视角，系统的结构见图 8-8。

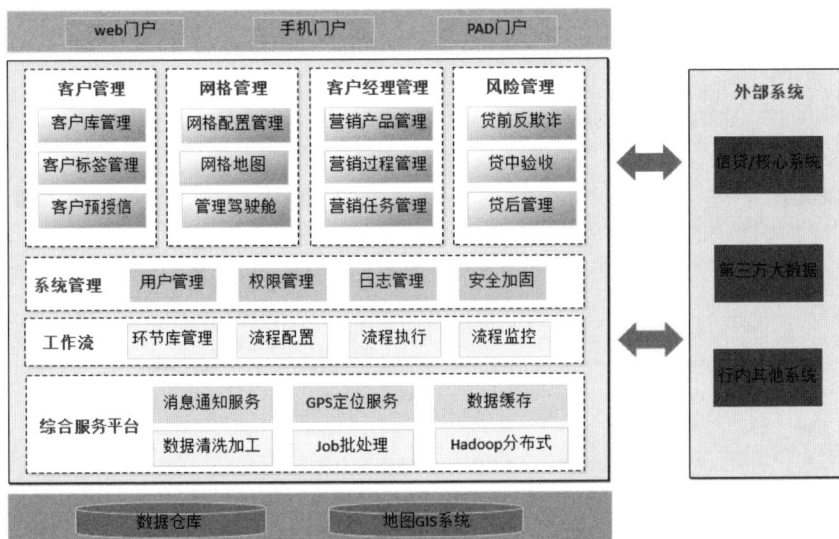

图 8-8 网格系统功能结构图

## 二、系统部署架构

系统部署的网络分为互联网区和办公区（内网），系统终端有 PAD 端和内网 PC 端两种访问方式。如果以高可用、高并发、可扩展的技术架构来设计，则是如图 8-9 所示的技术架构。

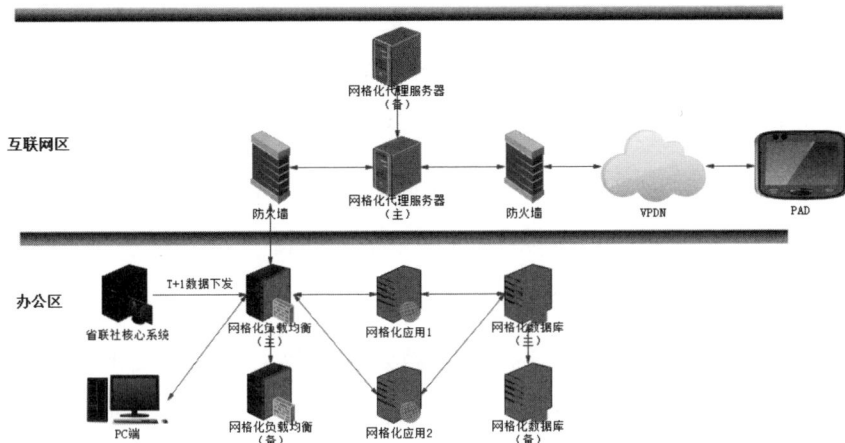

图 8-9 高可用版部署架构

1.高可用版部署架构。

考虑到前期系统不会有大的并发量和数据量，为节约成本，推荐使用如图 8-10 所示的部署架构。

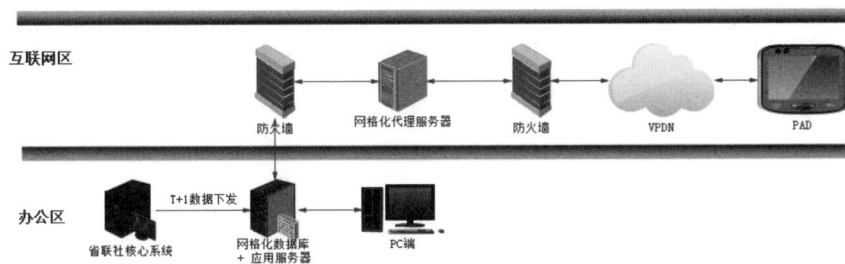

图 8-10 简化版部署架构

2.简化版部署架构。

系统网络拓扑说明：系统支持 PAD 和 PC 两种终端访问方式，PC 端直接从办公网络访问系统，PAD 端需要通过电信 / 联通的 VPDN（虚拟专用拨号网络，需拉专线）来访问系统，VPDN 的基本原理是采用隧道技术，即将企业网的数据封装在隧道中进行传输。隧道技术的基本过程是在原局域网与公网的接口处将数据作为负载封装在一种可以在公网上传输的数据格式中，在目的局域网与公网的接口处将数据解封装，取出负载。

PAD 端通过 VPDN 先穿越防火墙访问代理服务器，代理服务器再通过防火墙访问办公网段的网格化服务器，其中网格化服务器上部署有数据库和应用。以后省联社核心系统下发的 T+1 存量客户数据将通过网格化服务器来自动解析并保存到数据库中。

## 三、本系统与其他系统的关系

本系统位于银行业务系统的营销获客前端，后台需要省联社核心系统提供数据（存量数据 T+1），客户数据需要与核心系统同步，网络通信走农信内网；与第三方大数据（比如汇法网、同盾、移动运营商大数据、智慧城市、社保、公积金、公安户籍、房产在线估值、百度 API 等）的连接要求实时或 T+1，网络通信可走互联网或专线。

# 第三节　系统主要功能

网格化信息系统包括8个子系统：获客渠道、网格管理、客户管理、客户经理管理、营销活动管理、绩效考核、整村授信风险管理（见图8-11）。

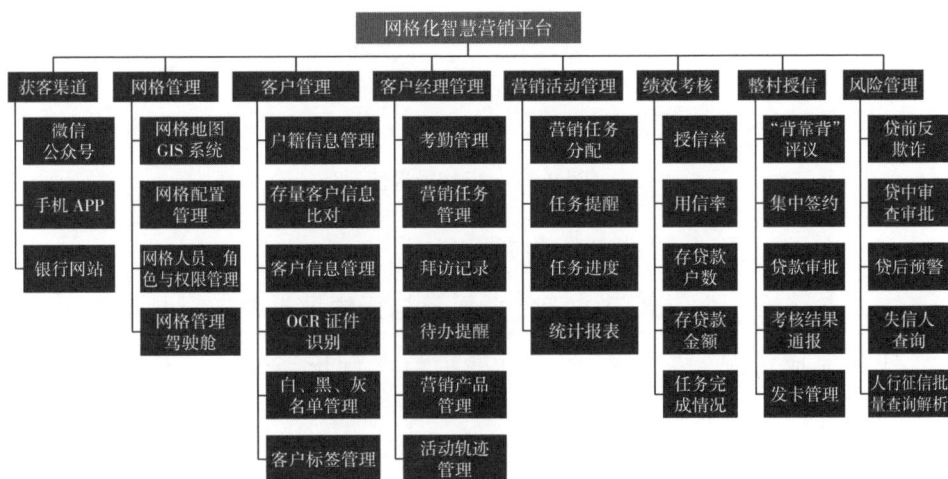

**图8-11　网格化信息系统功能图**

1.系统首页。系统内包含4种角色：行领导、部门主管、支行长、客户经理。以行领导为例，登录后首页展示如图8-12所示。

（1）地图、户数、人口、授信率、用信率、存贷款数、支行和网点业务排名、客户经理排名。

（2）存贷款业务增长趋势、存贷款客户增长趋势、日均存款数。

（3）营销活动排名、进度、效果。

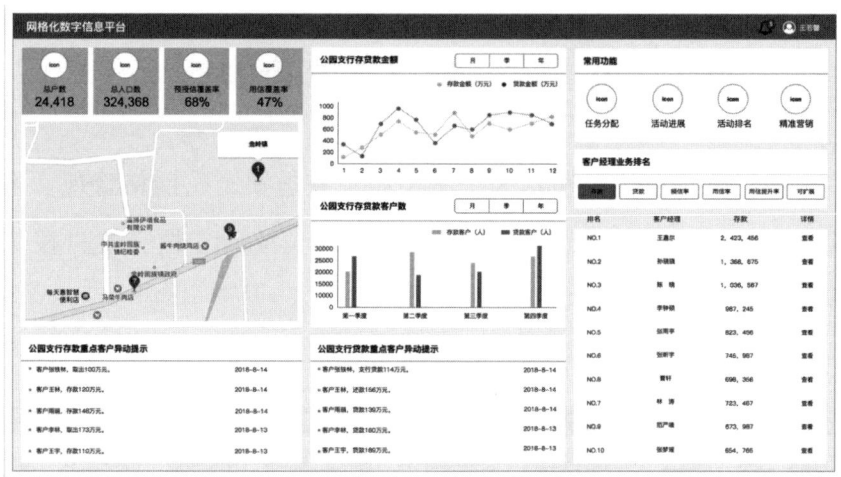

图 8-12　行领导界面

（4）大额存款进出等业务提醒。

支行长或业务部门主管首页展示与行领导类似，只是增加了任务完成情况。客户经理首页展示与支行长类似，只是增加了任务管理、待办事项等。

2.获客渠道。获客渠道包括微信公众号、客户端手机 APP、银行网站，可以为客户经理配备专属二维码（见图 8-13）。

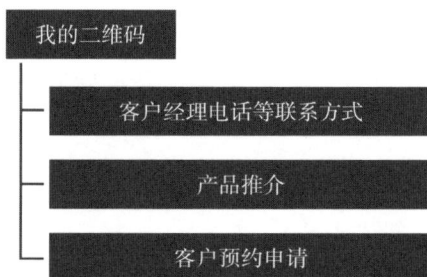

图 8-13　客户经理专属二维码

3.网格管理。网格管理包含网格基础的配置管理、网格地图和管理驾驶舱 3 个类别的功能（见图 8-14）。

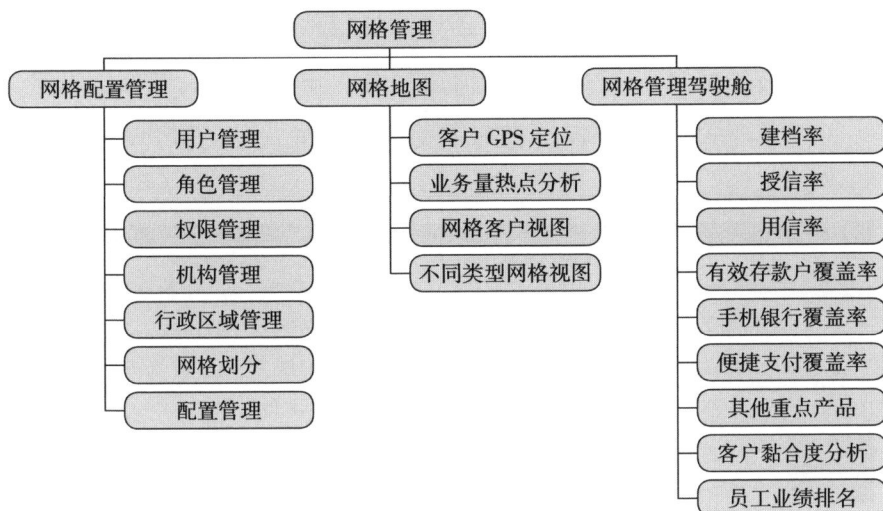

图 8-14　网格管理视图

4.客户管理。客户管理包括客户信息管理和客户标签管理（见图 8-15）。客户信息是基于网格来管理的，每个网格都有网格

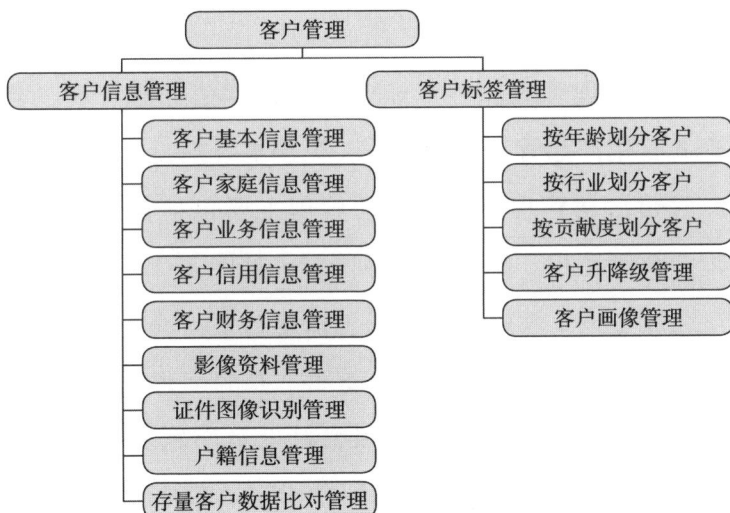

图 8-15　客户管理视图

管理员（一般是客户经理），客户信息包括客户基本信息、家庭信息、财务信息、业务信息、信用信息、户籍信息、影像资料等（见图8-16）。客户标签管理主要用于精准营销的客户画像。

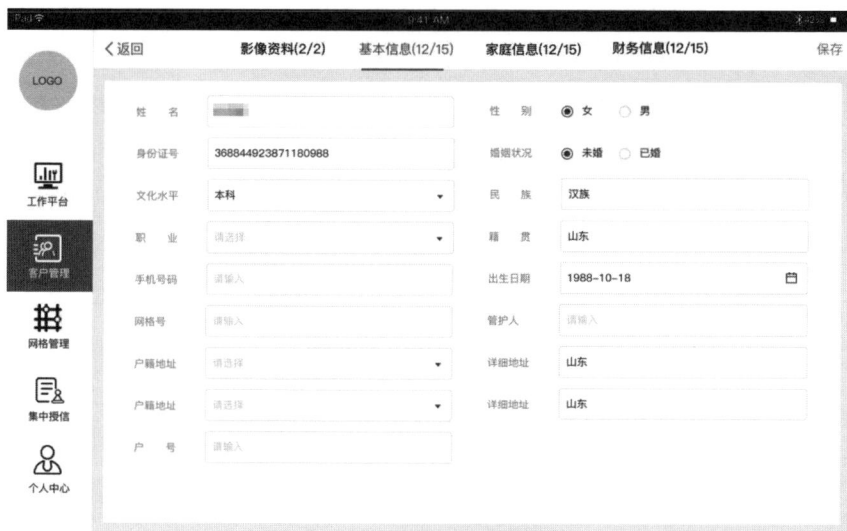

图8-16 客户信息视图

5.客户经理管理。客户经理管理分营销任务管理、营销过程管理和营销产品管理三大模块（见图8-17）。

6.营销活动管理。营销活动管理主要包括营销活动和任务的分配、执行监控、统计报表等内容（见图8-18）。

7.绩效考核。绩效考核指标包括建档率、授信率、用信率、存贷款户数和金额、任务完成情况等，按排名形式呈现。

8.整村授信。整村授信按照整村批量小额授信流程划分为"背靠背"评议、名单库管理（见图8-19）、签约、征信报告解析、贷款审批等环节。

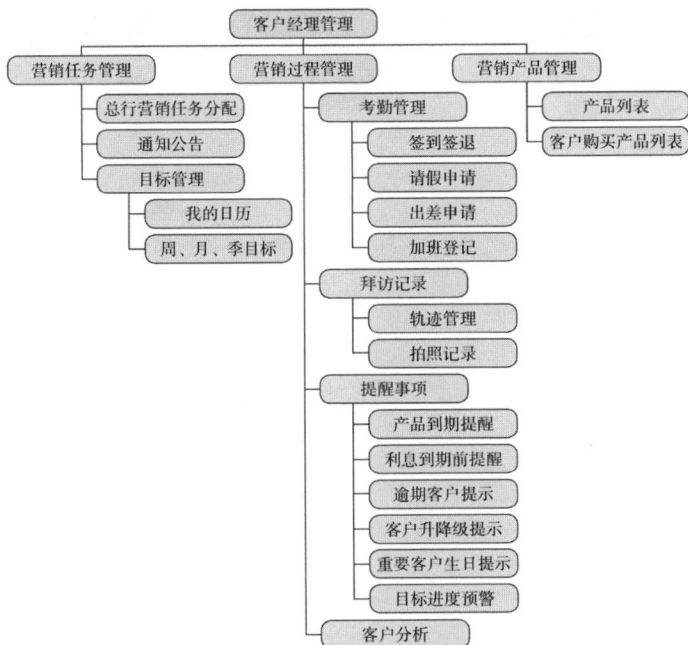

图 8-17　客户经理管理视图

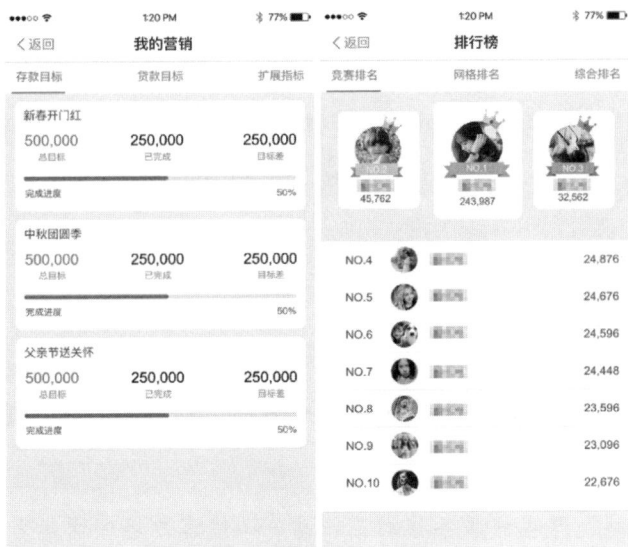

图 8-18　营销活动管理视图

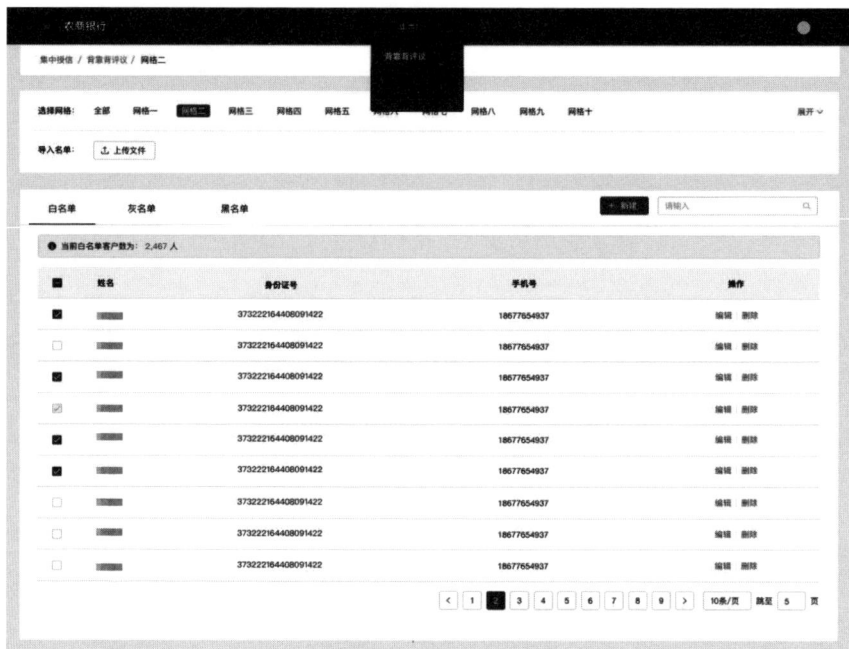

图 8-19　白名单管理

9. 风险管理。风险管理分贷前、贷中、贷后管理。贷前主要为反欺诈，要利用大数据进行风险拦截；贷中要做好信息的完整性、真实性验证及验收检查工作；贷后要利用预警系统，对批量小额贷款进行自动贷后检查，减少客户经理工作量。

## 【案例】

### 台州银行社区经营"一站、一分行、一平台、一中心"

"一站"即客户服务移动工作站。一线客户经理通过客户移动工作站实时接入银行系统，借助远程协作，深入田间地头及企业生产一线，为小微、"三农"客户全流程办理业务，包括现场开户、生活服务、理财、信贷全流程操作，大大提高了客户服务质效。通过线上线下结合，一笔客户信贷业务办理最快只要 90 分钟，同时还在功能设计上加入人脸识别、远程征信邀约、电子合同签约。截至 2018 年 4 月末，移动工作站已在全行 334 家营业机构全面推广，使用人数达 4523 人。通过移动工作站成功办理的银行卡开卡业务有 35.07 万笔，网银签约业务有 2.65 万笔，征信查询业务有 277.75 万笔，存贷挂接业务有 17.97 万笔，智多薪签约业务有 4.09 万笔，合同现场签约 5353 笔，信贷业务全流程办理 26.13 万笔，有效提高了为客户服务的工作效率，提升了风控管理能力。

"一分行"即线上分行。台州银行线上分行以"微信分行"与"网上分行"为载体，用线上申请来替代上门申请，实现了"农户扫码，银行收单"，贷款申请就像手机下单点餐一样方便，大大提升了客户体验。互联网获客应用极大拓展了客户服务与业务的辐射范围，极大简化了贷款流程，便利了农产品生产、经营、流通等方面的融资需求，无论何时何地，都可以通过互联网获客平台完成贷款申办，大大提高了业务处理效率。截至 2018 年 4 月末，台州银行互联网渠道贷款业务累计申请量为 75 045 笔，授信签约 9692 笔，金额达 24.06 亿元，其中新客户授信 7905 笔，金额达 16.4 亿元，占比达 68.16%，信用卡累计申请 21 801 户，成功办卡 2506.2 万元。

"一平台"即大数据平台。台州银行于 2017 年上线建设大数据平台，把数据仓库中的数据和历史数据全部迁移到大数据平台，完成大数据平台统一服务层的建设，使大数据平台具备向各业务系统和各模型系统提供数据服务的能力，并通过新技术建设风险防控工具，提高数据化风控水平。同时，台州银行在普惠金融服务领域积累了大量业务经验，在深化防控风险传统技能的基础上，自主开发了小微企业信用风险内部评级系统。通过大数据分析建立风险模型来量化风险，精准判断。预筛选、信审和贷后行为这三张评分卡将原有的"三看三不看"特色信贷技术模块化、标准化，进一步提升客户风险识别、监测、计量、控制能力，全流程自动把控风险，做到以客户为本，服务、风控两手抓。

"一中心"即后台作业支持中心。2015年5月，台州银行在总行设立了后台中心，通过后台建群、远程电话营销支持、风险辅助检查等具体场景，构建后台营销、风控、作业等三大服务支持功能，初步建立了一线营销、后台辅助的协同机制，提高了一线营销和授信作业效率。截至2018年4月末，后台集中建群4538个，导入客户信息205万条；后台集中审查客户28 4911户；后台远程电话营销外呼133 186户，促成贷款7.5亿元。

（来源：《银行家》）

第九章

网格化管理『战术篇』：轻松搞定网格营销

本章核心内容：网格化营销是一场持久战，更是一项系统性工作，首先需要遵循"定域、定人、定时、定量"的"四定"原则，其次要加强网格营销的模式和流程管理，确保营销活动的标准化，这样才能确保营销的可持续性和有效性。而传统的外拓活动、厅堂营销如想更有效益，则需要在精细化营销、精准营销上下功夫。

# 第一节　"四定"原则

网格化营销的实质是充分利用各种有效的营销方式和工具，使营销资源重新组合和分配成网格化的状态，以充分覆盖可能到达的每一个细分的目标群体，从而使得有限的营销资源发挥出最大效益的一种营销模式。实施网格化营销要遵循"四定"原则，即定域、定人、定时、定量。通过"四定"原则，统一规范业务营销管理标准，将客户营销服务工作具体落实到责任人员，并按时间进度推进和修正业务拓展计划，形成"分片包干、层层落实、责任到人、全面覆盖"的营销管理模式。

其一是定域，即合理划定营销区域。划好的营销区域是固定的，其覆盖的客户也是相对固定的，需要把该区域的地图区隔出来，避免业务有模糊地带、管辖重复或没人管的空白区域。

其二是定人，即由专门的营销人员（一般要求 A、B 角）负责指定的区域和市场。本区域、本路线，责任到人，不可随意更换人员，A 角出现请假、调动、离职等情况时，B 角能随时跟上。

其三是定时，即确定营销时间进度。要求营销人员按照一定的原则，安排所负责区域内客户的走访次序，标明走访的序号，这中间涉及客户的分层分类，定出拜访的频率，再根据设定的拜访频率，安排每周、每天拜访的客户，定期组织有效的营销活动，这样才能保证营销进度的有序推进。

其四是定量，即前期对营销人员规定一定的走访量、开户量，如依据客户分级及其他因素，设定每个客户的拜访频率，保证客户每月需要走访的次数。除此之外，人员负责的固定区域要划分出固定的线路，按每天的拜访量来安排线路；后期则可以逐步设置有效户量、存贷款量、转换率和提升率等考核指标。

总的来说，"四定"原则，就是建立银行网点营销人员与客户的服务关系，便于客情管理，全面掌握目标市场，让网点营销人员成为网格化的主宰。"四定"原则的落实，看起来细节很烦琐，但是通过营销人员的工作标准化、流程化，可全面把握目标市场的信息、银行产品的销售状况和市场的竞争状况，从而创造竞争优势。而且，网格化营销的"四定"原则不仅仅是一种过程化管理和量化管理，同时还是一个信息化管理的过程。区域客户的信息是网点在经营管理过程中应该关注的宝贵资源，是银行网点经营者进行科学决策的重要依据。网格化营销按照"四定"原则实施有助于更及时获得一线市场信息，为经营决策提供信息支持。

众所周知，营销工作难做，银行当前的业务营销更难做，而且农村、乡镇地区客户的精耕难度又大于其他渠道。做好了网格化营销的"四定"，对农商行的经营能力、对乡镇客户的服务能力、对渠道的拓展、对网点产能的提升、对人员效率的提高、对银行盈利能力的提升有非常大的帮助。网格化"四定"原则实施的难度恰恰说明了其巨大的价值。当前先进的农商行无一例外都已经开始进行针对此类工作的尝试，而大部分散兵游勇式的营销则都陷入了管理混乱、投入产出比较低的局面。

## 【案例】

# 标杆农商行的"四定"原则

运用"四定"原则开展网格化营销，标杆农商行的做法是在细分网格的基础上，配备"一格四员"，变"单兵作战"为"团队服务"。定人原则体现在每个片区中，设定一名网格管理员，通过网格化的客户经理体系打造一支有区域竞争力的营销团队，对区域内的目标客户实施主动的、精细化的、系统化的全业务销售管理，从而实现物理区域和客户市场的无缝覆盖。网格管理员主要负责所辖网格的扫街扫村、调查摸底、建档和信息收集、上报和更新、提供金融服务咨询、受理金融业务、金融知识宣传、监测金融风险等。网格管理员与网格联络员、监督员、协管员有效对接，通过分工协作，密切配合，推进过程按日进行计划，每周、每月督促进度，并根据进度实行考核制，做到了"定时"和"定量"。

"一格四员"网格化营销模式的采用，最终会形成"点—线—面—片"的立体化营销体系。其中，点即网格点中网格管理员，线包括网格线的所有合作伙伴（如网格监督员、联络员等），面则包括电话营销、互联网营销等营销模式，片指网格所在的片区。标杆农商行以"一格四员"为营销管理的抓手，实现区域全覆盖、客户全触及、市场全掌握。

# 第二节　三项基础工作

现阶段的农商行网格化营销，很大程度上是一种线下营销模式，是网格的专门营销人员通过调动各方面的资源来实现业务办理、关系维护的营销模式，它简化了业务办理流程，有效提高服务规范质量，在精准化营销基础上满足了客户的业务需求。作为一种营销与服务结合的"服务式营销"，这种网格化营销可从根本上提升传统银行网点的营销工作效率。传统的网点营销，客户在银行面前就是一个"黑箱"，没有什么不同；而网格化营销则是在数据分析基础上为每一个客户都贴上了"标签"，有备而来地进行业务推销、办理、反馈和人文关怀。从基于"四定"原则的网格化营销归纳来看，其主要目的如下。

目标一：信息收集。可从网格专门的营销人员、网点其他人员、第三方等多层面收集客户信息，通过建立详细的客户档案，在分析客户的基础上进行精准营销。

## 【案例】

### "百村万户"活动

某村镇银行2014年开始"百村万户"村民信息大数据库的建设工程，一个村专职配备一个客户经理，主要工作就是对本村村民进行了解及信息收集，信息主要涉及资产和收入，外加一些"软信息"。银行对收集的农户信息进行整理、汇总后形成"农户信息数据库"，为后续长期持续的精准营销及授信奠定基础。实施"百村万户"小额农贷项目，用3年时间，让当地所在县的368个自然村中的80%都有该行小额农贷的投放并形成一定的规模，这与其前期建立的详细的客户信息数据库有密不可分的关系。

目标二：市场挖潜。由于银行的营销人员根植于某一个区域，对区域内存量客户情况、竞争对手的用户情况等均能够做到摸底、熟悉，这有利于他们挖掘可能存在的增量客户和客户感兴趣的新业务。

## 【案例】
### 智慧档案

某农商行自2018年初起全面启动网格化营销管理系统建设项目，将全辖范围内的个人客户和公司客户按社区、乡（村）、园区规定网格，对每一个辖内潜在或存量客户进行位置定位，并详细标注客户在该行办理了哪些业务，打开系统即可随时查看每一个地理区域内的客户分布，直观地了解到哪些地区的客户还未营销充分、未服务到位。该农商行要求每个网格内的客户经理在各自管辖的区域内，加大客户信息采集力度，全面掌握网格客户信息，不断丰富客户信息，建立起全辖客户的智慧档案平台，并通过分析平台中的客户信息，进一步细分客户群，向客户提供有针对性的个性化服务，实现精准营销。

目标三：关系维护。经由信息系统反馈支持下，对客户在重要节假日或需要时开展情感维护，对具有流失倾向的客户及时给予预警式的人文关怀，同时要根据竞争对手的市场策略及时做出调整和应对。

# 第三节　让厅堂自带流量：厅堂营销

互联网时代，哪里有流量，哪里就有营销，哪里就能产生销量，网格化营销亦然。

网点的厅堂是网格化营销中最重要的根据地，要让厅堂成为网格化营销的客户流量入口，并形成厅堂向网格外延伸的服务，网格向厅堂导流客户的双向营销服务导流机制，为进一步做好客户转化做准备。厅堂营销作为获客和维客的基础要常态化。银行厅堂管理网格化营销要从人员、制度、资源等方面统筹兼顾，以人为本，制度为纲，资源为体，协调统一，全面提升服务客户的能力和厅堂营销能力。除了做好厅堂服务人员配备，打破条线管理界限，实现服务管理的一体化，提升厅堂服务管理效率以外，银行要在如何能对厅堂开展精益管理、提升客户体验上多下功夫。

## 第一招：优化物理氛围

首先，对网点营销服务区域进行调整优化和氛围营造，通过合理的功能分区设置，使网点布局趋于合理。其次，要注重与客户的每一次接触，通过各种物料配置，形成简洁、热烈的气氛，对视觉形成冲击，在潜移默化中影响客户的潜在需求，更合理地运用物理氛围来设置营销布局，引导并刺激客户。最后，可以通过网点厅堂灯光、饰品布置、销售明星公告栏、热销产品排行榜、专家推荐、产品展示、产品宣传等的设置，营造出热烈的销售氛围，激发客户的购买欲望，提升厅堂工作人员的营销主动性。

【案例】

## 某银行圣诞节厅堂布置

通过营销氛围的打造（见图9-1），能直接激发到访客户的购买欲，引发到访客户的购买行为，使客户感知更为满意，从而推动营销提升。

图9-1　厅堂布置

## 第二招：创造情感体验

很多银行逢节必有主题营销活动，活动宣传则多偏重于优惠政策或产品宣传，厅堂布置大多围绕礼品或促销政策展开。而"人非草木，孰能无情"，情感营销就是以客户内在的情感为诉求，激发和满足客户的情感体验，努力为他们创造正面的情感体验，从而引导客户对网点品牌及服务产生良好印象。

与传统的营销氛围相比，情感体验营销氛围更加人性化，真正从客户的感受出发。当客户进入网点后，就会被厅堂的环境氛围所影响，而网点工作人员不再是产品或服务的推销者，而是美好情感的缔造者。

## 【案例】

### 厅堂感恩墙

某银行感恩节时布置"感恩墙"（见图9-2），并联手当地志愿服务队，开展"感恩有您，一路同行"厅堂活动，参加志愿活动的5名盲人按摩师

图9-2　感恩墙

为银行周边的居民及客户提供免费推拿按摩服务。客户进入网点，映入眼帘的就是客户陆续留下的感恩祝福话语。因为承载了客户的感恩之心，它也被赋予了不同的情感意义。

## 第三招：用心创意营销

每个网点对客户提供的服务要做到不断推陈出新，打造网点的特色服务。创意营销，要从客户的角度出发，聚焦特色客群，设计专属氛围，提供个性服务。通过特色创意营销氛围的打造，不仅可以树立品牌、提升口碑，同时还起到吸客、吸金的作用，打破银行传统的业务模式，让客户不再是被动地去银行，而是主动地去"逛"银行。

### 【案例】

### 银行特色橱窗秀

某支行紧邻小学，每天下午4点左右家长在校门口等候孩子放学，而放学后有大量家长、儿童经过该支行。通过市场调研，该行负责人了解到，有95%的学生居住在周边的社区，所以该支行针对儿童客群打造了特色服务。网点从内至外都充满了童趣，临街的玻璃橱窗摆放了五彩缤纷的气球，每天放学的高峰期，还有员工走进橱窗与孩子们表演互动，路过的小朋友们纷纷驻足观看。

# 第四节　用活"金饭碗"：存量挖潜

在网格化营销中，许多银行网点在经营客户的时候常常会犯"重外拓轻维护"的错误：大量获取新增客户，对网格片区内的存量客户的维护明显不足。这种现象被称为"守着金饭碗，讨饭吃"。

具体可以通过4个步骤来有效盘活和提升片区内的存量客户。

1.客户的需求分析和需求排查。绝大部分网点都以为客户的需求主要集中在金融需求上，包括服务的便利性、资产保值、资产增值。这些方面确实是客户的基本需求，但是影响客户去留的真正需求，往往并不是刚才说的3个金融需求，而更多在非金融需求上。综合来说，客户的非金融需求主要集中在这5个方面：厅堂享尊柜、活动享好礼、购物享优惠、活动享快乐和生活享品质。这5个方面的非金融需求，往往更能影响客户的去留。

2.客户的达标回馈。营销人员在与自己片区内的存量客户联系的过程中，要能够明确无误地传达给客户一个信息，业务达到什么阶段的标准，客户就能享受什么样的回馈，而这些回馈具有明显的差异化，通过回馈的差异化能够刺激客户尽量达标。比如，达到5万元存款的客户就能享受：1年几次郊游，1个月1份杂志，1个月几斤鸡蛋，1个月……另外，还要设置达到20万元、50万元分别能享受什么，刺激客户达标。

# 【案例】

## 某城商行营销活动

某城商行的网点开展储蓄客户营销活动，凡新增定期存款（含存量新增）或同类产品的客户，即可根据相应的积分领取相对应礼品一份（见表9-1）。

表9-1 礼品详情

| 序号 | 存款金额（元） | 礼品 | 单价（元） |
|---|---|---|---|
| 1 | 1000（含）至1万（不含） | 青花瓷筷子 | 4 |
| 2 | 1万（含）至5万（不含） | 雨伞 | 10 |
| 3 | 5万（含）至20万（不含） | 人体秤 | 20 |
| 4 | 20万（含）至50万（不含） | 锅铲六件套/电热锅 | 40 |
| 5 | 50万及以上 | 电煮锅/电饭煲 | 70 |

这些不同等级的回馈机制，就能有效刺激客户，争取将他行资产转移，争取达标。

3.准备近期的提升名单。网格化营销人员每个人名下管理的客户名单数量相当庞大，少则三四百户，多则六七百户，甚至有些达到2000多户。但泛泛提升根本不具有任何针对性，要聚焦几类比较容易提升的客户，并且将名单过滤出来，进行有针对性的名单制营销，即名单制存量客户提升。

我们通过分析发现，有三类客户比较容易提升：一是临界客户。

3万—5万元的客户、10万—20万元的客户、30万—50万元的客户，即靠近上一级标准的临界客户。二是到期名单上的客户，这里的到期指定期到期、保险到期和理财到期。这几类到期客户往往是最容易流失的，事实上也是最容易提升的。第三类是同业转化名单上的客户，是指在前期通过信息收集及后期维护，能够得到明确的信息，在同业拥有一定规模资产的本行有量客户。

4．营销人员提升的规范化流程及相应的培训。营销人员想增加客户数往往能想的办法就是打电话，将打电话的流程梳理出来，营销人员就比较容易开展工作。这个流程可以简单归纳为"1＋4"，"1"是一轮短信，"4"是四轮电话跟进。

在电话营销之前，先有一轮短信自报家门，让客户知道你是谁，但如果条件允许，可通过2—3周的短信服务逐渐提高客户的信任度，让客户发现这并不是一个急功近利的银行。每周3条短信为佳。分别可以是周一的资本市场短信，周三的管理小知识，周五的生活小常识。通过这种无压力或者低压力短信，逐渐建立客户信任，当信任建立后再做电话营销往往效果较好。

四轮电话分别是第一轮电话自报家门建立信任；第二轮电话收集客户信息，了解客户需求；第三轮电话推荐银行服务，邀请客户参加活动或向客户推荐产品；第四轮电话邀请客户到网点面谈或约见，争取上门拜访。

除了让销售人员掌握流程之外，还需要对营销人员进行集中培训及有效演练，令营销人员能熟练掌握营销流程，从而进行有效提升与营销。值得重视的是，在营销管理方面，有很多银行没有遵循"定时""定量"的原则，只是简单地给员工下达目标，到了期末的时候再来检视目标。往往目标达到了就皆大欢喜，达不到就大失所望。所以，在名单制存量客户提升管理中，过程督导很重要：一是要抓营销人员的电话联络数；二是要抓客户的邀约到访数；三是要抓客户的提升数；四是要抓余额或资产的净增数。这四点需要每天进行督导，每周归纳总结，每月进行统计。

# 第五节　行外吸金术：外拓活动

外拓活动是网格化获客的主要方式，在前期网格分析、目标规划等基础工作下，应着重以下几个方面。

## （一）渠道开发

一般来说，网格化营销的渠道开发分为三类：一是企业渠道客户的开发；二是商户渠道客户的开发；三是社区、农村渠道客户的开发。对营销而言，渠道开发的作用不言而喻：一是获取大单或团单的营销机会，推动业务快速发展；二是有效提高网点在网格内客户中的影响力和美誉度；三是分流低效业务量，使网点可集中更多服务资源；四是提高网点在网格中的同业竞争能力，争取更多的合作伙伴。

因此，对于在网格开发过程中获得的具有批量性质的团队客户，网点和营销人员要将之作为阶段性的工作重点，集中主要资源来开发。

## （二）营销活动

开展网格化营销，营销活动不可避免。其实，营销活动不仅是宣传、产品销售的过程，同时也是银行与客户联谊和维护客户的过程。在开展营销活动的过程中，为了使营销活动取得预期效果，同时也是为了总结活动得失，需要遵守相关步骤，即活动策划、工作准备、客户邀约、具体开展、客户跟进和效果评价。在下一节中将对此做具体阐述。

## 【案例】

### 20 斤鸡蛋带来的 54 张存单

上田村是某城商行网格化区域内的重点营销目标，该行在该村开展了定期的驻点宣传活动，通过一定时期的活动了解到，该村村民金融产品以定期存款为主，金额小，存期长，存款主要在镇上的农业银行网点办理。通过一定时间的宣传，村民普遍对该行的定期存款产品有兴趣，该产品安全性好，收益较高，能为村民的储蓄存款提升不少收益，为此该行开展了一次专项性的驻点式的营销服务。活动主要方式为结合对该村的普惠金融知识宣传，针对有定期存款需求的村民开展"登记信息抓鸡蛋"活动，村民只要提供其名下的定期存款存单，即可参加"鸡蛋任意抓"活动，该行对村民登记的存款存单信息进行管理，提供到期提醒、到期理财咨询等贴心的服务，并对信息严格保密。活动当天共吸引 50 多名村民参加，共使用了 20 余斤鸡蛋，登记了 54 张定期存款存单信息，带来了一批意向客户。

## （三）客户跟进与维护

开展了网格内的营销活动后，也要注意对客户的跟进与维护。这既是对活动成果的回收，也是对客户的诚意和负责。让客户真正体会到银行"以客户为中心"的服务理念。在客户跟进与维护的过程中，很容易将新客户变为忠诚客户，提升客户忠诚度和客户贡献价值，增强客户黏性。

随着各家银行网格化营销的积极布阵，以及互联网金融的凌厉进攻，网格将成为各网点积极争夺的战场。可以说，网格区域是客户开发的大舞台，是银行产能提升的巨大金矿。同时，各家银行也应该知道，网格化营销不是举办几次简单的活动，或为了某活动紧急拉来几个客户，而是扩大银行影响力、提升银行品牌形象、增强客户黏性、提升产能的一条重要通道。

正因如此，网格化营销更需获得从总行、分行到支行再到员工的高度重视。现实是，只有充分发挥总行和分行的总体规划和政策支持作用，同时支行在策划、执行和落实方面积极配合，以及员工层面的积极参与，才能让网格化营销获得最大效用。

# 第六节 让营销更有成效

组织营销活动是网格化管理流程中不可或缺的一个重要环节，前期策划营销活动时更关注有效性与可行性，组织执行的关键在于督导管控落地的各个环节。农商行在进行网格化营销时，想要通过组织营销活动持续提升业绩，确保策划的内容都能落地实施到位，就需要把活动流程标准化，让活动组织工作与网格化管理的相关工作相结合。

所谓活动流程标准化，就是将活动流程进行切割细分，为每个环节规范固定要做的动作及要求，责任到岗。活动流程可由以下几个关键步骤组成（见图9-3）。其中，活动目标需贯穿并体现于整个活动过程中。

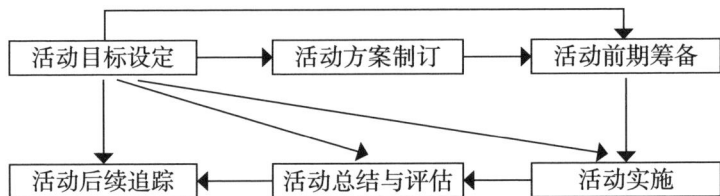

图9-3 活动流程

根据活动营销规划中的重点工作，每次开展活动时，农商行至少要提前1—2周制订相应的管理细节，抓住活动实施前中后几个重点环节。

针对具体活动要求，上述关键步骤可分解如下。

## 一、活动目标设定

活动目标设定主要内容如图 9-4 所示。

```
            ┌──────────────┐
            │  活动目标设定  │
            └──────────────┘
     ┌───────┬──────┴──────┬──────────┐
     ▼       ▼             ▼          ▼
┌──────────┐┌──────────┐┌──────────┐┌──────────┐
│活动前期调研││活动目标确立││活动费用预算││活动效果预估│
└──────────┘└──────────┘└──────────┘└──────────┘
```

图 9-4　活动目标设定内容

在这个步骤中，关键是如何找到真正符合我们市场定位的客户。参考以下流程：①选择市场范围；②分析顾客需求特点；③确定细分标准；④初步细分市场；⑤剔除不适宜的客户；⑥评估细分市场；⑦选择目标市场；⑧确定市场定位。

## 二、活动方案制定

活动方案制定的环节要考虑的关键要素如图 9-5 所示。

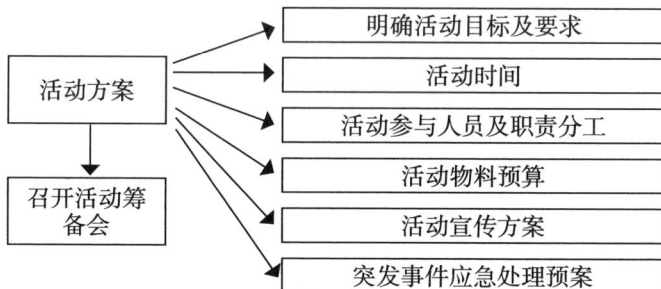

```
                    ┌──────────────────┐
               ┌───▶│ 明确活动目标及要求  │
               │    └──────────────────┘
               │    ┌──────────────────┐
┌────────┐     ├───▶│     活动时间       │
│        │─────┤    └──────────────────┘
│ 活动方案 │     │    ┌──────────────────┐
│        │─────┼───▶│ 活动参与人员及职责分工│
└────────┘     │    └──────────────────┘
    │          │    ┌──────────────────┐
    │          ├───▶│    活动物料预算     │
    ▼          │    └──────────────────┘
┌────────┐     │    ┌──────────────────┐
│召开活动筹 │     ├───▶│    活动宣传方案     │
│  备会   │     │    └──────────────────┘
└────────┘     │    ┌──────────────────┐
               └───▶│ 突发事件应急处理预案 │
                    └──────────────────┘
```

图 9-5　活动方案制定的关键要素

## 三、活动前期筹备

活动前期筹备主要是指，进行人员准备、宣传准备及物料准备。首先，人员准备阶段必不可少的是进行思想动员、策略方案解读，并对员工进行培训，后将活动的营销宣传话术进行提炼，在活动开始前对员工进行通关训练，确保每位员工对活动方案的理解到位；其次，提前准备相关礼品物料，做好活动宣传品设计工作，并营造整体营销氛围；最后，做好宣传准备工作，根据不同的目标客户群体选择不同的宣传方式，如进行厅堂阵地营销宣传、存量客户电话宣传，并做好活动计划组织的网格区域内人流密集处的外拓走访宣传，充分攒客。

## 四、活动实施

为确保活动顺利实施和客户积极参与，农商行需要提前7天梳理名单，对客户进行邀约，也需要在活动前3天对意向客户再次进行邀约，活动前1天进行提醒。在活动执行现场要对人员进行分工安排，并采用营销话术进行全员营销，对意向客户及时进行信息登记。活动负责人须做好现场管控及协调工作，随时根据现场情况进行纠偏，以确保方案的顺利落实，具体内容如图9-6所示。

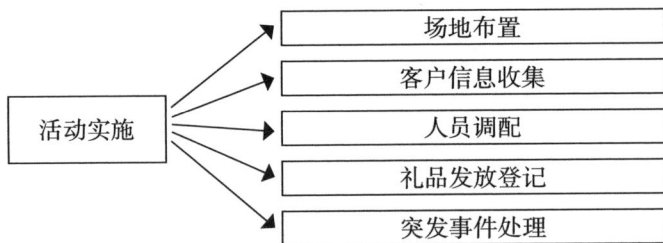

图9-6  活动实施内容

## 五、活动总结与评估

活动执行后要进行总结评估（见图9-7）。首先，要做好后续客户跟踪及活动后回访工作，在72小时内进行意向客户邀约。其次，要对方案执行情况进行汇总，对数据进行汇总分析，将设定目标与达成情况进行对比，并进行相应奖惩。最后，对于收集的客户信息进行系统录入，对存在的问题进行记录，并提出改进措施。

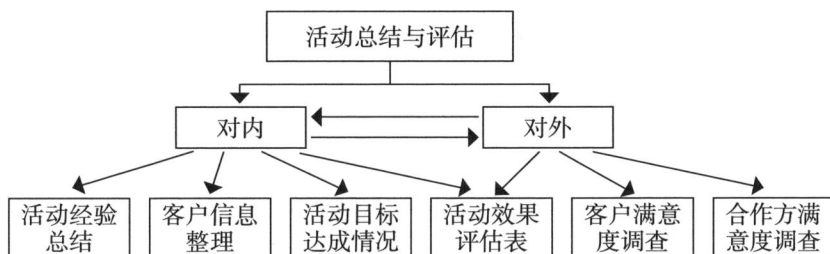

图9-7　活动总结与评估内容

## 六、活动后续追踪

各机构根据活动目标的达成情况，在活动结束后开展一定周期的活动追踪，并设定阶段追踪目标，围绕阶段目标进行追踪，如现场客户信息的有效性、活动带来的各项业务新增量、品牌知名度的提升情况。

通常活动开展后很容易出现只关注活动过程而忽视活动后续的评估，对活动达成效果与否仅仅依靠感觉评判等情况。这里我们结合活动过程管理，根据不同的评估对象，建立对内和对外两部分活动评估体系，依靠内部及外部的双重评估，掌控活动所取得的实效，并对机构活动的开展进行有效的组织和管理。

内部活动评估体系用于对活动内部目标设定、活动组织、活动人员、活动效果等内容的评估，在于通过各项评估项目的设定，为各层级的活动负责人提供管理抓手，同时使活动的开展全程可控。

该体系评估内容如图9-8所示。

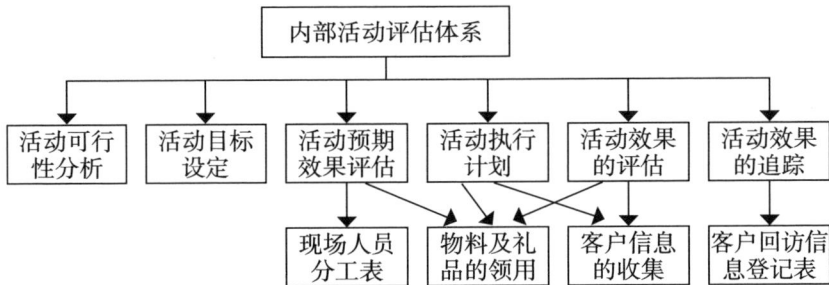

图9-8　活动效果追踪情况

外部活动评估体系的建立目的是借助客户及合作方对于活动的体验性的了解，为后续活动开展提供方向。同时，该体系的建立有利于活动参与者自身活动能力的提高。外部评估体系如图9-9所示。

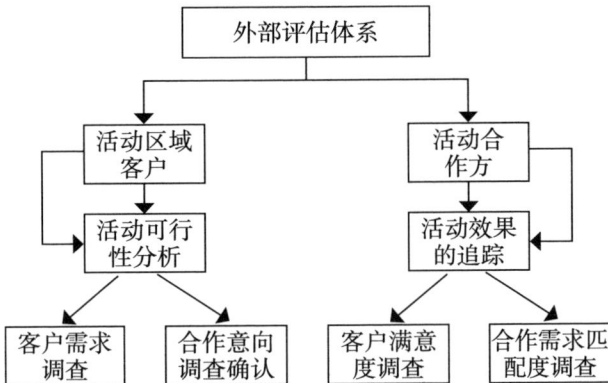

图9-9　外部评估体系内容

## 【案例】

## 某行开门红存款营销活动管理过程实施内容

| 活动过程管理 | |
| --- | --- |
| 活动管理内容 | 实施内容 |
| 活动目标设定 | 1. 选定目标群体，通过"调查表"及与关键性人员沟通等形式，对目标群体的人员结构、特征、经济情况等进行分析；<br>2. 确定该活动区域活动主题，如开展专项营销活动、进行品牌宣传、客户回馈或社区举办联名活动等；<br>3. 结合活动目标达成效果的预估对活动所需经费进行预算 |
| 活动方案制订 | 1. 以召开活动筹备会的形式明确目标，统一思想；<br>2. 制订活动宣传方案，配套制作宣传海报、宣传单页等，同时可单独或配套利用小区公共宣传设施，提升我行品牌知名度；<br>3. 对活动参与人员进行分工，并明确各自岗位职责，确保活动全程有序，且人员有调配空间；<br>4. 制订费用及物料使用计划；<br>5. 了解活动对象及场地，对活动可能出现的突发事件进行预估并制订应急处理预案，落实到人 |
| 活动前期筹备 | 1. 开展各项宣传工作，如贴海报、贴宣传单和短信等形式；<br>2. 物料领用，现场宣传资料准备；<br>3. 确认活动场地环境及设施，确认合作方活动需求 |
| 活动实施 | 1. 活动场地布置；<br>2. 围绕活动主题，配合礼品的发放登记，进行客户信息搜集；<br>3. 做好活动过程掌控及人员现场调配，如秩序的维持、突发事件的处理等；<br>4. 为后续活动开展留下伏笔 |

| 活动过程管理 | |
| --- | --- |
| 活动管理内容 | 实施内容 |
| 活动总结<br>与评估 | 1.活动结束次日召开活动总结评估会，会议围绕活动目标的达成情况进行点评，同时为后续活动提出改进意见；<br>2.活动负责人填写活动效果内部评估表，邀请社区人员填写社区反馈意见表，结合两者提出改进意见；<br>3.整理活动现场达成效果，如有效客户量、现场开卡数、理财购买量等，制订活动追踪计划；<br>4.一个月后，根据客户回访情况由活动负责人将本次活动情况形成报告，上报机构活动负责人 |
| 活动后续追踪 | 1.结合活动目标现场情况，制订专人实施活动追踪计划；<br>2.配合客户的成长性，设定阶段追踪目标；<br>3.详细记录客户追踪情况，由活动负责人进行汇总并形成报告，上报机构活动负责人 |

核心内容：深入开展网格化营销后，应坚持以客户为中心原则，在提升服务效率、客户满意度及改善客户体验上多做文章，推进网点转型，以便巩固网格化管理效果，并获得长期可持续的发展动力，夯实客户基础和市场地位。

# 第十章

## 网格化管理『巩固篇』：服务提升网格价值

# 第一节　搭起空中桥梁：提升服务效率

服务效率，是指服务资源投入与服务效果产出的比率及服务资源分配的有效性。简单讲，对于银行来说，就是办理业务的速度；对于客户来说，就是等待时间的长短。当今经济飞速发展的社会本身就是一个注重效率的社会，无论是客户还是银行本身，都对效率提出了相当高的要求。客户选择银行服务，最终目的就是快速解决实际问题，因此在网格化营销过程中为客户提供高效服务，是制胜的关键。

提高服务效率的途径是多方面的。从传统的方法来说，提升员工技能水平，增强服务意识，优化业务流程，为客户快速解决问题，可以提高客户的满意度和忠诚度。而如何以网格化为基础，以信息化为支撑，将先进科技手段应用于网格化的工作实践，实现服务客户"全方位、全覆盖、零距离、高效率"的效果，是新时代农商行在实践网格化营销时要研究的新课题。

网格化之所以有利于促进管理和服务的高效化，主要体现在两个方面。一是客户信息管理由孤岛式、零散化向整合式、集中化转变。通过建立网格内客户信息数据库并不断进行更新完善，同时对数据按照网格化进行提取、分类、移植，导入 CRM 系统，并不断更新补充，全面、直观地反映客户信息数据，实现客户信息的精细查询、重大事项提醒、客户评价、个性化产品组合推荐、潜力客户筛选等功能，颠覆传统 CRM 模式和理念。二是客户业务营销由迎客式、单个式向精准化、批量化转变。通过学会数据分析与利用，通过专题培训、交流指导等，促成管理人员提升数据挖掘和多维分析的能力，确保有人"收集数据"、有人"分析数据"和有人"利用数据"，为网格化管理提供有力支撑。

网格化服务模式的效率和效果，主要表现在信息收集的精确性、资源配置的高效性和需求响应的及时性上。

## 【案例】

### 某农商行"一触即贷"

某农商行所在县总人口为 64 万，总面积为 886 平方千米，辖13 个镇街，1 个省级经济开发试验区，1 个市级化工园区，1 个市级食品园区，城乡差别明显。如何将服务工作全覆盖，消除银行金融服务的空白地带是该行首先要解决的问题。

该行在县一级设立网格管理指挥中心，在镇街网点设立网格服务中心，在社区设立服务工作站，形成了上下一体、配套联动、反应灵敏的工作格局。同时，坚持城乡有别，注重实效。在城市社区，按照"街巷定界、规模适度、无缝覆盖、动态调整"的要求合理设置网格。在农村社区，考虑行政村、自然村等因素，根据村居大小和人口规模，实行一村一格或一村多格。该行把全县 13 个镇街共划分为 244 个城市社区网格和 850 个农村社区网格。

　　通过对所有网格统一编号，进行全时空、全覆盖的管理服务，消除了管理盲区和空白地带；同时，以全方位服务为目标，通过建立联系网格制度、组建网格化管理服务团队、将金融服务进驻社区等措施，有效解决了服务客户"最后一公里"问题，使群众不出社区就能享受到便捷高效的服务。

　　该行在网格化基础之上，通过"新技术＋新服务"为当地的小微企业服务，为其发展提速。该行利用新技术为企业提高融资效率，推出一款经营性贷款产品。该产品运用大数据及互联网技术，根据不同业务场景，基于客户的交易、资产、信用等多维度数据构建客户筛选、额度测算及风险监测模型，为符合要求的个体工商户、小微企业主在线发放流动资金贷款。该行采用"白名单准入＋一键即贷"模式，实行白名单管理，由总行定期筛选符合条件的客户纳入白名单，系统主动对白名单客户授信，客户通过手机银行APP即可自助办理贷款业务，解决"短、小、频、快"的资金需求。白名单内的客户，在银行网点办理借记卡并开通网银、U盾或电子密码器授权介质，在授信有效期内通过手机银行APP办理贷款业务。贷款合同为单笔方式，还款后产品额度可重复循环使用。该产品操作简便，流程快捷，具有"一触即贷"的特点，客户通过手机银行APP可在一分钟内获得贷款，充分满足了小微企业融资"短、小、频、快"的要求。

　　随着信息化技术的更新和网络的普及，越来越多的金融服务可以在"空中"进行。农商行可充分利用信息化手段，通过行内的CRM系统、微信企业号、微信公众号等媒介架起一座畅通的银行服务群众的"空中桥梁"。

农商行可搭建网格化信息管理平台，融信息采集、事项传送、分析研判、网上办公、监督考核等功能于一体，将网格内实有人口、人员实有房屋财产情况、客户画像等网格管理要素全部输入信息平台，将其他通过各种途径掌握的信息，全部即时导入信息平台，汇集形成一个信息完整、规范、准确、鲜活的"大数据"库。

网格化信息平台的建设，有助于农商行破解目标客户群体需求掌握难、需求响应不及时的制约瓶颈，实现了对客户情况的即时掌控，对客户需求的快速处置，对趋势发展的及时研判应对，有效提升服务效率，赢得客户满意度。

# 第二节 把"银行"装进口袋里：提升服务便利

虽然不像政府有那么多行政审批环节，但因为对安全性要求较高，银行、证券、保险等金融机构也常常因为业务流程多、手续烦、时间长被人诟病。事实证明，金融业在降低交易成本、营造良好营商环境方面的确大有可为。以银行业来说，通过开发电子渠道功能，越来越多的业务可以从网点搬到网上办理，免去客户跑网点的不便。就算是必须前往网点办理的开户、电子银行注册等面签类业务，银行也能通过开发智能终端设备，减少客户排长队、手动填写单据所花的时间，也能缓解柜台的压力，大大提升客户体验。这些技术和设备的普及也让银行网格化营销的效率提升可能性大大提高。

例如，在网格内设立金融移动服务站，利用移动互联网和智能终端，以面对面的方式为客户提供金融服务，形成"装在口袋里的银行"。客户经理人均一台移动终端，前台办理业务，中端后台工作人员 24 小时在线，实时响应每一笔终端业务申请，节省了客户大量时间成本，可以做到让客户足不出户一次办结，各项业务"作业"流程全面提速。而贷款业务，利用移动终端，工作人员现场就能完成包括调查报表录入、业务申请、业务审批等信贷调查全流程操作。又如小微客户房产在线评估、代办抵押登记等业务，许多城商行都已经实现了客户不用跑网点的

"7×24"线上操作，真正做到"送上门、一站式"的金融服务，突破传统网点物理限制，让距离不再是难题，大大缩短办事时间。

用互联网思维、金融科技的手段，转变业务流程，做到以线上办理为主，让客户"一次也不用跑"。在这过程中，也可实现对农商行自身在管理、制度、流程等方面存在问题的排查与改进，通过内部"挖潜"使得运行更为高效，管理更为规范，进而提升整体的竞争力。

## 【案例】

### 移动展业平台的应用

某城商行不断改进移动展业项目，2018年末全新升级，上线了项目的二期，主要功能包括：一是操作平台更简洁明了。在平台操作性上，全面重构业务操作界面与交互体验；并从前后台业务流程再造出发，打造全新的线上化、移动化客户经理工作台。而且移动设备更便于携带。硬件上支持配置更好、体积更小巧的新一代Pad。二是业务流程更简单方便。在移动开卡功能中，引入"活体＋人脸识别"技术、影像时间戳技术及远程开卡24小时进件、现场开卡一步式发卡等功能，有效加强了开卡认证的安全性，改善了操作的便利性，提升了客户经理获客效率。三是产品更加丰富多样。在移动信贷功能中，丰富了信贷产品，移动信贷支持办理该行9款信贷产品。引入OCR识别来减少客户信息录入时间；征信流程上引入联网核查、"活体＋人脸识别"技术、电子签技术，实现了征信授权电子化，电子流程通过后直接发起征信查询功能，减少了远程审核客户等待时间，实现了全流程无纸化进件；引入征信报告自动解读功能，客户经理通过进件过程直接解读征信报告结果、减少客户信息录入时间等功能来提升客户经理办理效率，做到轻松办贷，即刻放款。在移动营销方面，增加了移动CRM客户经理工作台功能，全线上营销任务接收、营销成果上报、CRM等精准化营销一条龙服务。

# 第三节 超出预期的客户体验：提升服务品质

继农业经济、工业经济和服务经济之后，社会逐步进入了体验经济阶段。围绕"以客户为中心"的第一步是满足客户的显性需求，农商行通过提升厅堂服务水平、加强员工素质、优化业务流程，针对客群的层级分类开展精细化管理和维护，可以满足客户对银行的显性需求，并挖掘客户的隐性需求。客户对于一家银行的信任是由品牌、专业、服务及客户体验结合而成的，体验经济是银行以服务为舞台，以产品为道具，以客户为中心，创造能够让客户参与、值得记忆的活动。其中，产品是有形的，服务是无形的，而创造出的体验感应该是令人感动的。可以从以下几个方面思考。

1. 营造归属感。创造归属感的是品牌，农商行应坚持自己的客户定位，品牌创造应契合农商行客户的实际，不能盲目地追求所谓的"高大上"，品牌要接地气，以更让人容易接受的方式传递出来，才更有归属感，如"××村木耳贷"等产品。

2. 营造获得感。进入市场，不论搞什么活动，搞什么优惠，都要让这些实惠实实在在地传达到客户手中。一场活动预计花 2 万元费用，不要觉得活动结束省了 5000 元是好事，也许5000 元是省了，但客户也丢了。比如，抽奖就是抽奖，不要获奖之后又让客户先集 20 个赞才能领礼品；集赞就是集赞，不要让客户集 20 个赞才有资格抽奖。直接明了,让客户容易得到,才是获得感。

【案例】

## 算利息算来大存款

某村镇银行一直坚持小额储蓄的工作思路,坚持小额储蓄的基础客户积累,不断创新获客方法,将网格化营销推向深处。为更精准获取客户,提升客户经理积极性,该行开展了"算利息有礼品"活动,通过柜面宣导、网格区域设点宣传、存量客户推动等多个渠道吸引客户来营业厅参加活动,活动时要求前台及客户经理根据客户携带的他行定期存单,计算存款利息,并与该行推出的定期类产品进行对比,算出利息的差距,将客户损失的利息写在纸上让客户带回家,让客户有非常直观的感受,同时对客户存单信息进行登记,建立信息台账,该活动开展 2 个月,共收集 2000 余户 5000 余笔定期存款信息,金额共计 1.7 亿元,为后期有针对性地精准营销奠定了基础。

3. 营造真实感。银行服务有多么"高大上",客户可能没那么容易体会到,但是不是真实,客户很容易体会到。所以,如何与客户成为"自己人"是一个重要的课题。对比一下,农商行天然就特别容易成为客户的"自己人"。把自己变成和客户一样的人,叫"李大哥、刘大妈"比叫"李先生、刘女士"更真实,不拘泥于称呼的标准化,真实就是最好的。

4.营造默契感。获得市场接受和客户认可的终极目标，就是获得默契感。默契感是积累大量共同生活的基础之后，才能形成的文化气场，这种气场在很细微的地方才能让人感觉到，很难通过短期训练培养，只能通过实践潜移默化地形成。但是目前大部分银行，都会选择社会招聘一批符合本行文化特征的员工，让他们立即建立与客户的默契感。当然，从长远来看，服务和产品上与客户的生活方式相符形成的默契感才是牢不可破的。

随着经济的发展和人民生活水平的提高，人们的消费需求不单单局限在产品上，客户更希望感受到产品以外的人性化、个性化服务。因此，客户的非金融需求是在农商行网格化进程中值得密切关注的内容。客户的非金融需求即指银行在让客户享受资产保值增值的基础上，还能够享受银行提供的金融需求以外的服务或体验。较为常见的形式有优化网点的物理布局和装潢，营造节假日或特色客群的氛围，提升客户体验；为女性客群提供专窗、专座、健康体检等；为青少年组织体验活动、才艺比赛等。这些金融需求以外的非金融服务和体验都能够很大程度地提升客户对银行的满意度和认同程度。

# 第四节　网格化下的网点转型

如果说网格化管理是一张大网的话，网点就是这张网中的各个节点。当前金融产品逐步线上化，电子支付遍布生活各个方面，越来越多的业务已经不需要到银行网点来办理，越来越多的网点开始寻求"机器换人"，自助开卡机、智慧柜员机等纷纷出现。金融科技的进步使原来物理网点的作用显示出弱化的趋势，但作为农商行，由于大部分的展业区域都在乡镇、街道、社区、村居，大部分客户群体为中老年人等金融知识相对薄弱群体，对物理网点的信赖及依赖仍将长期存在，物理网点所拥有的人工服务亲切感及贴近感仍是许多零售客户群体喜爱的客户体验。

作为"老百姓身边的银行"，农商行的渠道及网点布局是其固有的优势。如何利用这些优势并结合科技发展趋势进行网点转型，成为网格化研究的又一个重点。当前，许多传统网点开始悄然转型，一批"低成本，轻模式"的简易网点开始出现，原来传统银行的网点形象如气派的大堂、庄重的门面开始往简约、温馨风格转变；网点面积也越来越小，从原来动辄上千平方米转向几百平方米的简易网点；网点的功能也在发生变化，从单纯的办理业务逐步转为客户休息、交流、聚会的场所。如针对中老年客户群体设置了茶座、阅览室，针对带孩子的客户群体设置了儿童游戏室，有些甚至把小超市、小菜场都搬进了网点，尽可能地贴近客户的生活。

【案例】

## 网点买菜做了公益 聚了人气

事情发生在金华市区宾虹路上的泰隆银行。银行大厅内放着一个货架，架子上摆满了蔬菜。有不少人围在柜子边挑选新鲜蔬菜。据说，这是银行推出的最新活动——卖菜。"又卖金融又卖菜，简直全能""银行真的在卖菜，难道想抢占蔬菜市场？"短时间内，这条朋友圈瞬间引来了很多评论。菜品不多却很受欢迎，无人看守，菜架在（见图10-1）大门入口处显眼位置，货架不大，上下只有4层，其中3层装的分别是小白菜、大白菜和萝卜，大小白菜每斤售价为3元，萝卜4元。最下面一层是收银层。章师傅是一家商铺的会计，也是这家银

图 10-1 菜架

行的老客户，几乎每天都会来银行存零钱。自从有了这个菜架，每次来他都会带点菜回去。"看上去还蛮新鲜的，价格也不算贵。"虽说是卖菜，但货架旁没有设置导购员，也无人看守。顾客买了菜（见图10-2），给不给钱全靠自觉。虽然菜品不多，但基本上每天都会卖空。

图 10-2　顾客买菜

摆在货架上的这些菜，是该行在周边郊区承包的一块10亩地的农场中所种。原本种的菜主要供应员工食堂，卖菜其实属于义卖，所得的款项最后都会用来采购保温杯，送给金华江南二所和江北二所的环卫工人。这项活动已经在市区4个网点全面铺开。

（来源：浙江新闻客户端）

传统网点的功能及形态在发生转变，而一些新型网点的出现也体现了零售业务网点"简易化、生活化、智能化"的发展趋势，如以社区支行为主要形式的集镇、街道网点，以金融便利店为主要形式的城市社区网点，以金融便民服务站为主要形式的村居网点。

1.社区支行。社区支行是指定位于服务社区居民、实行有限牌照经营的简易型银行网点。社区银行的概念源自美国，是指美国一些服务于某一片固定区域的小型金融机构。该模式进入中国以来，各大银行都将其作为零售业务转型的机构模式，并最终在一些城商行及农商行得到了很好的坚持及发展，如台州银行近些年一直践行"深扎村居"战略，通过开设社区支行等方式进一步将服务下沉，在乡镇、村居深挖市场，精耕细作。

## 【案例】

## 小网点大服务

"我们的社区支行就设在村（居）里，多接地气啊。"台州银行椒江前所社区支行总经理王盼盼说，该支行所在的陶家村是前所街道人口比较集中的地方，与临海市杜桥镇接壤，主要以眼镜生产及配件加工为主，辅以下西村及六联村沿街商铺等商贸及沿海水产等行业，而社区银行的业务主要是服务周边的小微企业。

据了解，社区支行是指定位于服务社区居民、实行有限牌照经营的简易型银行网点，不能开办现金业务和对公业务。社区支行这样的网点小且简易，管理简单，以大大少于一家综合性支行的成本，就可为周边小微企业、居民普及金融知识，提供咨询和金融服务，实现小微企业和社区金融服务的均等化、便民化。

王盼盼告诉记者，社区支行小额、批量、信用免担保、上门办理等方式获得了当地居民的高度赞赏。支行自开业以来，已在 10 个村

（居）办理业务，今年计划再延伸6个村（居）。

台州银行台州市区区域总监黄朝盛介绍,该行还推行"周边化招聘",从周边的村（居）中招聘大学生，让他们在家门口上班，这样就能迅速发现小微客户的金融需求。该行推出的"村聚易贷·兴农卡"等产品贴近农村百姓及家庭作坊式的经营户；在服务上推行"与客户交朋友"的方式，一线人员走村串户，去挖掘小微企业、"三农"客户的潜在需求。

王盼盼说，该行目前共有7名员工，1名主管、4名信贷员、1名柜员和1名综合岗人员，所有员工均来自周边村（居），达到100%周边化。"近年来，台州银行市区区域不断将小型的网点如社区支行，开设到乡镇、村（居）。"黄朝盛说，一方面是响应监管部门"下沉网点、下沉服务"的号召，践行普惠金融理念；另一方面，乡镇、城乡接合部、农村等地区，小微企业、个体工商户众多，而金融机构却相对缺乏，这些地区存在较多未被满足的金融需求。

（来源：《台州日报》）

2. 金融便利店。金融便利店是集人工服务和24小时自助银行服务于一身的创新型服务营销渠道。金融便利店的推出旨在通过错时经营，打造人性化、便利化、差异化、增值化的服务和产品平台，满足市民下班后的金融服务需求，为客户提供更加便捷的金融服务。

金融便利店的选址在人流量大、居民密集的地方，功能涵盖了存取款、小额贷款、基金理财产品购买及信用卡办理等各项业务，涉及7大类72项产品。全融便利店可以充分发挥电子化自助机具的作用，是通过自助机具与人工服务相结合，实现自助银行、个贷服务、个人理财和业务营销"四位一体"的新型的全天候社区零售银行网点。

## 【案例】

### 上海农商行的金融便利店

位于普陀区金沙江路近怒江路的上海农商银行长风金融便利店自2010年10月开业以来，就以延时错时、贴心便利的优质服务迅速吸引了附近一批社区居民。一走进长风金融便利店，就会有大堂工作人员主动问好和细心询问，经常来这办理业务的居民朋友早就习惯了。从踏进门的那一刻起，金融便利店的"一条龙"式贴心服务已经开启，有什么问题随时可以得到耐心解答。

针对长风地区老年居民占比大的特点，金融便利店从"优先、优惠、优享"3个方面为70岁以上老人提供"三优"服务。"优先"指优先办理业务，有特殊需求时还可享受专属服务；"优享"指享受专人指引、自助机具使用指导、爱心专座、敬老便民等服务措施，以及社区金融课堂或社区金融宣传服务，优先享受该行推出的敬老系列理财产品；"优惠"指上海农商银行养老金客户可免收跨行及异地ATM取款手续费，行动不便的老人可免费享受个人业务上门延伸服务。

此外，针对老年客户群，长风金融便利店还常年配备了应急医药箱及老花眼镜之类的便民生活用品，在细节之处尽心满足老年人的金融服务需求。由于网点内服务窗口并没有服务评价器，有很多老伯伯和老阿姨对办完业务后没法按一个"满意"来表达自己的感谢而遗憾。

上海农商银行在惠民利民方面也非常凸显人性化：利用网银线上进行转账业务，向本市任意他行转账的手续费全免；在柜面进行同城他行转账，手续费也仅需一元每笔。而金融便利店还有一项专属优惠，在这儿办理个人网银业务可以免收40元的工本费。就像店长说的："我们银行的人性化程度和性价比是顶呱呱的。"

金融便利店还积极走进社区，通过社区讲座和在网点门口摆摊等形式，向社区居民普及假钞防范知识，讲解热门的防诈骗案例等。据悉，上海农商银行已开设了100多家金融便利店，遍布上海市各区。它延时错时经营，最晚营业至晚上9时，还有种类齐全的产品和服务，能充分满足了居民下班后的金融需求。

（来源：《新民晚报》）

3. 金融便民服务站。在一些小规模乡镇、村居，因为人口规模小，布设物理网点无疑成本较高，一些更简易的金融便民服务站便成了解决金融服务"最后一公里"的终端网点。

## 【案例】

## 村民在家门口享"一站式"金融服务

1月23日中午，路桥区横街镇泉井村村民杨治富来到家门口的丰收驿站，只用一两分钟时间就完成了缴费手续。

杨治富今年60多岁了。前两年，他会为缴水电费，骑电动车到二三千米之外的相关部门去缴费。如今，在家门就可以缴费了。更让他开心的是，通过丰收驿站里的"丰收 e 家"系统，还可以进行自助存取款、养老金查询等。

老杨享受到的方便，归功于路桥农商银行推出的"丰收 e 家"服务体系。

从 2015 年开始，路桥农商银行的"丰收 e 家"在全区不少行政村设立，让乡村百姓享受到便捷的金融服务和新颖的"互联网＋"体验。

它在惠民便民的同时，采用聘用诚实守信、具备一定文化程度的本村村民，配合当地支行客户经理定时驻点的方式，为村民提供居家金融服务，也为村民提供就业和创业平台。

走进丰收驿站（见图 10-3），可以看到齐全的设备终端，自助存取款机、网银体验机、自助发卡机等一应俱全，还有健康药箱、血压计、老花镜及手机充电器等一系列便民设施。

图 10-3　客户体验自助服务

丰收驿站作为路桥农商银行在台州乡村设立的便民服务网点，融合了公众服务、普惠金融、网络代购、跨境电商等功能，能够有效解决农村市场的电子商务多元化，帮助农村消费者实现与互联网的互动，促进农村互联网的全面普及。

目前，路桥农商银行已建成丰收驿站 270 多家，其中 8 家为标准型旗舰店，每平方千米设有 1.18 个服务点。

（来源：《台州日报》）

本章核心内容：经过前面几章的管理规范化后，农商行具备了网格化管理的基础。而要利用上述管理工具为业务发展带来实效，最重要的就是在农村和城区两大农商行目标市场都能得到有效的运用。本章以整村授信作为网格化在农村市场运用的切入点，介绍整村授信的理念、流程和注意点等几个方面内容，为农商行等进行农村市场网格化经营提供一个典型的作战方法和参考。

# 第十一章

## 农村网格化经营典型战法：整村授信

# 第一节　整村授信：农村版"微粒贷"

《孙子兵法》中有这样一句话："道为术之灵，术为道之体；以道统术，以术得道。""道"指的是大路，是战略定力、管理理念、管理思想；"术"指的是小路，是工作措施、管理工具、工作方法。如果没有坚定的战略定力，再好的方法也推进不了；如果没有很好的措施，再好的战略也很难坚持到底。

面临上有大行信贷下沉，下有微众银行、网商银行等互联网金融机构做小做散的上下夹击竞争格局，农商行必须发扬"农村市场寸土不让、集镇市场寸土必争"的精神，发挥网点多、员工多、人缘地缘的基础条件，在农村市场业务竞争中不断集聚竞争优势。从浙江银行业整村授信经验分析，通过剔除"黑、灰名单"后，给予农户小额批量授信，取得了很好的效果，带动了其他业务快速发展，并且牢牢占领了农村市场。

但是，目前大部分农商行的整村授信工作推行还是比较缓慢的，有的甚至不愿推行，究其原因主要有 3 个方面。

首先是没有充分认识到农商行面临的严峻形势，没有坚定"回归本源，支农支小"的转型决心，还躺在功劳簿上求安逸。各级部门不作为、怕创新，基层网点为任务而任务，敷衍了事，形式主义盛行，导致整村授信标准化动作变形；在执行中没有真正干在实处，只学其形而未知其神，导致推进缓慢，看不到正面的效果。

其次是农商行绩效考核主要以规模、利润为导向，加之近10年来经济高速发展，上规模、追利润，金融市场业务风生水起，荒废了对农村市场的投入。客户经理也倾向于做大做规模做金融市场业务，不屑于做小做散，相对于其他业务，农村市场的业务在绩效上明显处于劣势。哪怕行内提升绩效，但面对已经陌生的农村市场，营销人员也不知道怎么开展业务，找不到有效客户，即使找到客户也因为信息的缺失而不敢开展。导致在没有合理、科学、有效的方式方法时，推进工作无法顺利开展。

最后是"风险防范优先"的思想占了主导地位。农村市场的业务开拓经历了信用证、整村推进、信用村、精准四扫等各个不同阶段，时间长达十几年，前期很多模式相对不严谨、不科学，各家行在执行中也各自为政，信用环境相对现在不完善，导致发生了很多不和谐的负面案例，有"一朝被蛇咬、十年怕井绳"思想的农商行不在少数。它们担心这样做会出现大量的不良贷款。这直接导致了很多机构在接受整村授信这一全新的展业模式时戴着"有色眼镜"看问题，抵触情绪较大。

除上述外，还有人员配置、资源调整、系统优化、员工积极性等方面的个性化问题。这些方方面面的因素导致目前全国很多农商行都在做整村授信，但出成绩的农商行却屈指可数。而这些问题的产生，最根本的是没有充分理解整村授信的基本理念，缺乏合理、科学的工作方法。

整村授信的核心理念就是打造农村版"微粒贷"，用批量的小额贷款织就一张信用的网，实时满足客户任一时间、任一场景下的小额资金需求。要实施好整村批量授信，有几个关键点必须把握。

1. 从总行到基层，每个层级、各条线传统贷款经营思想及操作方式都要转变；

2. 整村授信工作的整体规划和市场的网格化细分及网格化责任人要确定；

3. 客户信息采集和客户信息的真实性要保证；

4. "背靠背"评议人的选择及"背靠背"评审结果要有效；

5. 额度要小，客户资料收集要少，客户经理工作量要少；

6. 通过手机银行最大限度地缩短客户从申请到放款的时间，客户体验感要优质。

# 第二节　整村授信"八步法"

农商行在进行小额批量授信时，要坚持"授权充分、监督有效、处罚有力"的原则加强对工作的管理，要以整村授信为依托，最终实现"一揽子"营销。农商行按照"广撒网、喂小鱼、钓大鱼"的方式，分八步走，完成整村授信工作的同时，最终促进各项业务齐头并进。

## 第一步，统一思想，制订管理办法。

首先在认真做好调查研究的基础上，在总行层面做好系统、制度、流程的梳理，针对农商行自身特点对原有系统、制度、流程开展讨论和优化改进，对存在的问题进行分析，坚持问题导向，并借鉴整村授信标杆行先进经验，因地制宜地制订《整村授信管理办法》《尽职免责管理办法》《评议监督员管理办法》等一系列管理制度，对现有信贷流程进行磨合，简化和改进贷款相关手续和文本。

## 第二步，加强培训宣传。

要加强对管理干部和员工的宣传培训工作。可以邀请专家和有实际操作经验的管理人员进行授课，重点讲授开展整村授信工作的目的、意义，优秀银行的做法，整村授信工作开展过程中需要注意的事项及方式方法等，以此提高全行对整村授信工作的认知度，为推广奠定坚实的理论基础。

同时，加强与地方政府和村社的沟通工作，以普惠金融为切入点，争取地方政府的大力支持，组织召开动员会，政府主要领导出席会议，各乡镇主要领导及分管领导参加会议；同时，明确政府部门的相关主要负责人，全力推进整村授信工作。积极推进支行班子成员挂职政府行政助理，以便更好地推动此项工作。

## 第三步，选好试点。

整村授信主要是批量授信展业，所以对某村的整体信用环境要有一定的要求，至少要先选择两个信用状况较好的村作为试点。选择标准如下。

1. 位于城区（县城）城郊接合部、近郊区域，或经济强镇、特色产业乡镇；

2. 信用环境良好，当地不良贷款率低；

3. 民风淳朴，少有赌博、吸毒、高利贷等不良风气。

试点村选定后，在动员大会上公布，并签订责任状。

## 第四步，采集信息并初筛。

试点村选定后，采取批量的方式获取客户信息，尽最大努力减少客户提供信息环节，增强客户体验。客户信息以户为单位建表。采集信息并初筛，分两块内容进行：一是批量获取客户信息；二是筛选客户信息。

1. 批量获取客户信息。

（1）借助各级政府的力量，直接从村委、医保、社保等机构获取试点村每户户籍信息；

（2）借助农商行代发粮补、新农保、新农合等业务，直接从已有信息中获取每户户籍信息；

（3）从所在村卫生室获取每户建档的健康档案；

（4）从核心业务系统、信贷管理系统中获取试点村中在银行存款、贷款及其他业务的客户信息。

2.筛选客户信息（删除以户为单位）。

（1）针对信息表开展初筛工作，删除贫困户、低保户、两年以上不回家、空挂及有其他特殊情况的人员；

（2）通过银行不良贷款及汇法网等信息系统，对"黑名单"客户进行剔除（包括但不限于表内、表外不良信息等）；

（3）通过银行系统，删除存量贷款客户。

## 第五步，"背靠背"评议。

整村授信以行政村为单位实施，对于比较大的行政村（尤其是根据行政改革需要，已经进行归并的村，或者户数较多，评议员很难了解全面的村），根据百姓居住的聚集特征，可以分为不同组进行"背靠背"评议。"背靠背"评议环节的核心依据是农村百姓彼此间都知根知底，对于家家户户的情况都比较熟悉，都能够知晓邻里的道德和诚信情况。所以通过3个评议小组成员的交叉验证方式，对每户进行授信评议，不仅风险可控，关键还有效率高、易操作、可推广等优点。

"背靠背"评议最关键的就是评议小组成员、评议监督员的选择，这也是整村授信风险把控的最关键因素。因此对于评议小组成员有以下选定条件：

1. 人品好；

2. 家庭稳定、为人热情、有责任心；

3. 无赌博、吸毒等不良恶习；

4. 原则上，要求45周岁以上；

5. 未被司法诉讼过；

6. 信用观念强，无不良信息。

一般都选村干部（妇女主任、会计、出纳、大学生村官、生产队队长等）、党代表（离退休老干部等）、德高望重的人（老年协会活跃老人）、诊所主任、小超市老板等。实际选择过程中，不建议选在职的村书记。

评议监督员由总行员工担任，需经过专项培训，同时为确保工作开展的持续性，建议设立AB岗，负责针对整村授信工作"背靠背"评议和评议结果的统计、比对、录入等情况开展监督。评议监督员是保证评议结果质量的关键岗位，所以对于评议监督员有以下要求。

1. 模范执行国家法规、行业规章制度和操作规程，努力学习政治和业务，不断提高政策业务水平和操作技能。

2. 大公无私，廉洁奉公，坚持原则，实事求是。不歪曲事实，不玩忽职守，不滥用职权，不回避问题。

3. 须遵守总行相关制度，须对监督中了解到的有关情况保密，不得将其用于与监督无关的用途，也不得向与监督无关的任何单位、任何人员泄露。

4. 可列席参加所在支行的各种会议，但不得参与到信贷、财务、劳动分配等业务经营决策的制订过程中；不得接受所在支行的奖金、礼品和礼金；不得在所在支行报销任何费用；不得占用所在支行的财产物品。

"背靠背"评议采取"3＋2＋1"的模式进行。"3"指3名试点村的评议人员，"2"指支行长和评议监督员，"1"指金融顾问。

"背靠背"验证时，3名评议人员要分别进行，重点对每户信息进行验证。每户信息包括家庭和睦情况、邻里关系、有无不良嗜好、在本村的威望、从事的行业、家庭收入支出、资产等。同时，在最低的授信额度内，每名评议人员分别给予每户一个授信额度等。

## 第六步，集中签约。

农商行在信息"背靠背"交叉验证后，为了减少客户和客户经理的往返工作量，可以根据评议产生的预授信白名单，进行客户签约。可以采取集中、入户或者邀约网点等形式进行签约，每个支行根据自身实际情况，进行有效选择。此环节重点围绕客户体验原则进行设计，要让客户少签字，感受到银行手续的方便快捷。客户经理准备好整村授信签约资料，一般需要贷款申请调查表，内含面签面谈确认书、共同还款人承诺函（必须双签）、贷款合同、身份证复印件、户口本或结婚证复印件（必须双签）和征信查询授权书。

## 第七步，授信审批用信。

客户经理通过批量形式开展征信查询后，对合格签约客户资料批量导入信贷系统，按照"小额信用模式"，给予每户等同于白名单额度的授信。在总行规定的授信权限范围内，审批环节在支行进行操作。由审查岗进行贷款资料齐全度和要素完整性的审查，并审核是否为白名单客户及是否按白名单额度申请，再由支行审贷小组或者支行行长独立审批。签约后，客户通过手机银行自动提款和还款，享受足不出户就能得到金融服务的便利。

## 第八步，贷后管理。

整村授信的贷后管理，主要分为季度检查、年审两个环节。季度检查，主要是由贷后预警系统实施，针对用信客户进行征信数据（或者政府数据和外部第三方数据）的查询和解析，做到过程预警。年审主要围绕用信客户家庭成员的健康状况、生产经营情况、邻里家庭关系三种情况，进行交叉验证。年审环节，是整村授信风险管理的重要环节，由于涉及面广，工作量大，一般可以分批分期进行年审。全流程见图 11-1。

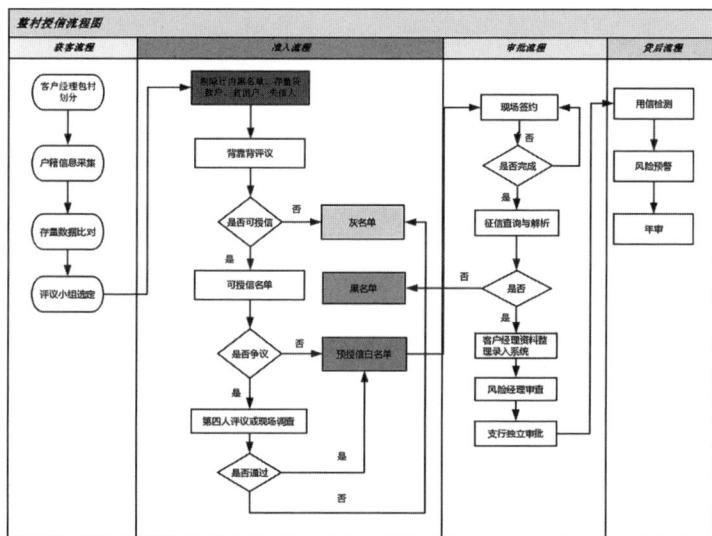

图 11-1　整村授信流程图

第十二章

——

城区网格化管理创新战法："2＋2"模式

本章核心内容：农商行两大主战场农村和城区，因为客户对象差异较大，所以经营的方式也有差别。本章提示农商行要关注辖内、辖外两个城区市场，针对辖内城区客户群进行分析，从而进行差异化定位，并明确相应的营销策略，同时为农商行进行城区市场网格化管理提出了"2＋2"的模式和战法。

# 第一节　核心理念：零售业务批发做

农商行在城区金融展业的客群主要有行政事业单位、公司企业、工业园区、商业街区、专业市场、社区居民客户这6个部分。

从竞争激烈程度分析，相对稳定的是行政事业单位、优质企业；相对薄弱的是商业区、居民区；竞争最激烈的是专业市场、工业园区。

从金融服务业的分布情况来看，大中型公司企业客户基本上与工农中建等大型银行绑定，专业市场和工业园区则成为股份制行、城商行业务发展的重点。农商行本身物理网点众多，离老百姓最近，有先天做好零售业务的基础。因此，农商行在城区金融激烈竞争的格局中，选择错位竞争，将市场定位于金字塔底部的、数量众多的小微企业、个体户和居民百姓。

将有限的资源集中，可以克服"撒胡椒面"的问题，深化产品线的深度和宽度，精细化地满足目标客群的个性化需求，在此过程中逐步培育"客户群和根据地"，积累自己的核心竞争力，实现城区金融的可持续发展。农商行立足城区的小微企业、个体工商户和居民客户的差异化定位，不仅从战略上可以实现持续深入的发展，从战术层面还可以实现网格化开发，给银行集约经营发展打下坚实的基础。

网格化管理必须努力做到"零售业务批发做"，主要包含3

个方面的内容：一是坚持小微企业的客户定位；二是量化服务半径，一般优先选择有集中性、有潜力的社区去经营，客户覆盖率必须达到一定标准；三是为客户持续提供高水平的服务，保证产品的落地率。

## 【案例】

### 小客户大市场

"看到树木的同时，看到一片森林。看到一位客户的时候，要善于挖掘他背后的客户群。"

某支行小微部在成立的第一个月里就选准了某个密集生产阀门的园区作为营销重点。通过产业链上下游关系，该行把该园区阀门配套的配件、抛光等的相关企业小客户地毯式地调查了一个遍。在淘汰了55%的客户后，首月放贷100多笔，给进入生产旺季、正渴求更多资金的客户送去"及时雨"。这在当地引起轰动，一时间"去某银行贷款！"成为客户们茶余饭后的话题。

他们以速度赢得赞赏、以廉洁赢得尊重，成功跻身该市场行业前列（当地有其他3家银行在重点营销），取得了骄人的业绩：该支行小微部贷款839户（户均13万元），不仅贷款利率水平非常可观，并且后期配套的借记卡、信用卡等产品也有了坚实的客户基础。同时，在风险控制上，均达到了"打几个电话，就可侧面打听到该园区陌生客户的真实信息"的程度。可以说，这几个园区就成为该银行在当地的"社区"。

# 第二节　城区金融营销："2＋2"模式

农商行在具体的城区经营过程中要关注两个市场：辖内市场和辖外市场。辖内市场好理解，辖外市场就是本地人外出学习、务工、经商的主要集聚地。在城区经营过程中建议采取网格化营销"2+2"模式，即2种网格：实网格（社区、商圈、市场等）和虚网格（商会、协会、团体等）；2种方式：选场景和建渠道。

## 一、3个原则

城区网格化管理过程中需要遵循以下3个原则。

（一）客户第一原则

农商行核心的竞争力在于做小做散的市场定位和人缘、地缘、亲缘的服务，给予小微企业别的银行"不愿做、不敢做、做不了"的简单、快捷的信贷服务。这种服务就是农商行"客户第一"理念的集中体现。

（二）实质重于形式原则

好的形式有利于吸引客户，扩大网格化活动的影响和效果。但任何形式的网格化营销活动，其最终目的是促进农商行业务的发展。因此，在网格化营销拓展的过程中，必须注重实质与形式的统一，避免"赔钱赚吆喝"的情形出现，以最小的投入获取最高的商业利益。

（三）循序渐进原则

农商行以小微企业为主要服务对象，客户的业务规模较小，决定了单笔的产效相对有限。因此，农商行在网格化管理的过程中必须经历一个由"量变"到"质变"的艰辛过程。因此，经营机构在网格化推进的过程中，必须摒弃"立竿见影"的焦灼心态，在持续的精耕细作中，实现最终的市场占有。

## 【案例】

## 水饺包出的 50% 覆盖率

都说营销的最高境界是忘记自己在销售，没有产品推销，没有营销目标。在城区营销中，一些优质社区的居民面临各家银行的各类营销讲座、产品推荐，有些节日甚至能同时接到数家银行的活动邀约，银行花费了不少活动成本，客户也逐步对这种营销活动产生厌倦甚至抵触。某城商行安居苑社区支行在其所在地安居苑小区的营销中，将营销化为无形，采用"化整为零、小型高频"的营销活动方式，将常见的社区包水饺活动（见图12-1）作为支行的常规营销活动，每次邀请不超过10名社区居民参加，活动都安排在其中一名居民的家中，参加人员由该居民邀请，包水饺由支行提供食材，2名客户经理参加，每周开展一次，活动目标为建立活动群并取得客户微信及电话联系方式。一年多下来，包水饺活动覆盖了该社区80%的居民，通过微信朋友圈广告及后续宣传活动，该社区50%以上的居民户都与该行建立了业务关系。

图 12-1　包饺子活动现场

## 二、基本动作

1."看"，就是要做好市场调研。农商行要在激烈的市场竞争中站稳脚跟，只有捕捉到市场行情、信息，把握消费趋向、消费脉搏，以奇制胜，才能不断挖掘市场潜力，有效占领市场，而这一切都要通过市场调研来完成。

2."找"，就是寻找网格中的这些"关键人"。行业群中有实力的大户、行业协会、行业政府主管部门通常能充当行业"领路人"；村居中村主任、村书记、乡镇干部、街道负责人、社区物业管理者等有影响力的人通常能充当地域开拓的"关键人"。这些人对当地的情况最为了解，不但可以精准地给我们提供市场营销信息，而且可以带领我们进行实地拜访，有效减少陌生拜访的阻力。在后期进行社区集中营销的时候，这些人也可以给我们提供不少外部帮助。

## 【案例】

### 200 万元贷款撬动的 8000 万元存款

洪武村位于城郊接合部，是某城商行三江社区支行的网格营销重点村居。该支行为异地城商行，在该村知名度低，品牌弱，营销一直未能打开局面。经过认真研究后，该行制订了"高端切入"的营销策略，先从村干部着手建立人脉关系，通过与村集体合作开展公益、节日活动等宣传方式持续寻找切入机会。当得知该村菜市场改造重建缺少资金的信息后，该行有针对性地设计了一套融资方案，提供了有竞争力的利率及简便的贷款手续，得到了村集体的认可，最终给予其 200 万元的贷款支持，深化了与该村的合作。随后该村遇到城市扩建拆迁，获得了近 2 亿元的拆迁补偿资金，有了前期的贷款支持及在该村的宣传基础，村集体决定将其中 8000 万元拆迁资金存放于该行。该行趁热打铁，后续对该村的旧村改造开展了村民建房的整村授信工作，不断提升在该目标区域的覆盖率。

3. "宣"，就是开展宣传活动。农商行要在完成对目标社区的前期摸底调查和关键人物联系之后，高调宣布对目标社区的营销开展，重点是举办各类社区活动。在举行社区活动时，可在活动中间穿插银行服务理念与特色产品的宣传，让客户对银行有一个全面的了解。这些活动能够吸引广大客户的注意力，将原本分散的客户聚集在一起，以较小的代价聚集人气。在活动的过程中，通过分发奖品、互动等形式取得客户的联系方式，从此与客户建立联系。

4."跟"，就是跟进关键人物，找到一串可做的客户，一对一拜访，达成合作的"临门一脚"的全过程，最好一鼓作气，否则会再而衰，三而竭，拖拖拉拉消耗斗志。要做好"跟进"工作，关键要做好"四磨"：磨时间、磨信心、磨耐心、磨套路。

## 三、选场景

根据目标客群，选择对应客群的生活、消费、生产的场景有利于经营客户。选场景关键要选高频、方便、转化的场景。高频就是居民经常光顾的场景，方便就是居民日常生活化的场景，转化就是客户存在高转化潜力的场景。

## 【案例】

### 线下微信二维码收单，"水果店商圈"竞赛活动

为了同时新增该行扫码收单商户及个人银行卡客户，某城商行开展针对所有借记卡持卡人和"水果店"商户均能参与的线上线下活动。该行的各机构可以结合线上线下活动，以"水果店"商户为突破口，采用驻点营销的方式，进行现场开卡、微信绑卡和引导新开卡客户参加满减活动，增加小微零售客户，改善在当地的用卡环境。在一个多月的时间内，该行共计新拓展微信扫码商户228户，达到了全行网均1.98户；新增商户存款余额575.86万元，客户共计参与此次满减活动3650笔；累计新开卡客户617户。

## 四、建渠道

农商行在金融服务中优劣势显而易见。相对于其他商业银行，在科技支撑、产品研发、人才配备等方面农商行没有充分的自主权，因此从产品竞争角度看，农商行并无优势。从另一个角度来看，农商行多数都是本地税收贡献大户，给地方经济建设提供巨大帮助，拥有强大的政府资源，网点多，人员多，这是其得天独厚的优势。因此从结合政府民生工作，给百姓提供零距离服务角度上看，思考和制订获客策略，农商行会有宽广的前景。

## 【案例】

### 浙江路桥"社银联通"

不受空间地点限制，通过手机银行人脸识别系统，"点点头、眨眨眼"10秒钟完成养老金年检。在浙江省首创"社银联通"工程的台州路桥的，"社银联通"工程如是再升级。

2017年2月，路桥农商银行在浙江省首创"社银联通"工程，将社保大厅搬进银行网点。从一开始的3项业务到如今的73项业务，路桥"社银联通"工程已实现"三个全覆盖"。数据显示，截至2018年5月底，路桥农商行窗口共办理社保业务146 747笔，占同期路桥社保开办项目业务总量的38%。

"路桥区只有一家社保服务中心办理点，而且地域远，市民面临着办理业务难的现状，所以我们跟路桥区人力社保局合作，将社保窗口设到柜面。"路桥农商银行党委书记、董事长金时江告诉记者。

路桥区人力社保局社保中心主任章小平对记者表示："路桥农商银行在路桥网点最多，覆盖面最广，与老百姓接触多，深得老百姓信赖是区人力社保局选择与路桥农商行合作'社银联通'工程的主要原因。"

2017年2月13日，路桥农商银行首批4家试点支行开始对3项业务进行试点。2018年5月14日，路桥农商银行的"社银联通"工程也从原来的3项业务扩展到73项业务，实现"三个全覆盖"。

金时江进一步向记者解释"三个全覆盖"。"我们实现了业务办理的全覆盖，全部19家支行都能办理全部社保业务，还实现了服务网点的全覆盖，全部46个网点均能办理社保业务。"他表示，此外还有网上全覆盖，初步实现社银智能服务一体化，银行柜台和社保网络同步办理。

据章小平介绍，为使银行工作人员能够做好社保相关业务，路桥区人力社保局不仅对路桥农商银行窗口的人员进行为期2周的上岗操作培训，还对该银行从上至下进行全方位的集中培训。"我们的集中培训有侧重，如针对窗口的工作人员就是业务操作、流程及政策解读等培训，而针对其他人员的培训主要是围绕社保的框架、概念等。"他说。

路桥农商银行在"社银联通"工程上的探索远没有结束。从2018年5月11日起，路桥12.4万养老金年检人员已经可以不受空间地点限制，通过手机银行人脸识别系统，10秒钟就可完成年检。这对行动不便的人员来说可谓一大福音。不会操作及行动不便的人员可通过子女代检或者村居（社区）干部助检。据了解，路桥农商银行的客户经理还会走进社区，不仅上门为腿脚不便的老人办理养老金年检，还现场演示"刷脸"自助认证的操作流程，帮助他们完成养老金年检。

金时江表示，手机银行年检，既方便了百姓，避免了行动不便的老人被抬到社保中心年检的现象发生，又节约了行政成本，防止了虚领、冒领养老金问题的出现。

在章小平看来，"群众得便利，社保减压力，银行拓业务，政府优服务是'社银联通'工程带来的四方共赢"。他表示，双方致力于打造"十分钟社保办事圈"，目前这一目标已经完成。

谈及开启"社银联通"工程的初衷，金时江表示想为政府"最多跑一次"做点贡献。据了解，政银合作是路桥农商银行下一步的努力方向。"我们正在和政府有关部门对接，未来想要把工商营业执照办理、国税、地税、党费缴纳等业务都接入进来，把我们支行办成便民的社会责任银行。"

（来源：中新网杭州）

本章核心内容：大数据时代，必须学会让数据为我们的管理、营销服务，因此要让数据说话，引导银行围绕客户做好服务工作，努力做到"客户想要的，正是银行所推销的"。为此，农商行必须在充分利用CRM系统的基础上，构建客户标签，引入营销模型，通过系统配置推送规则，把客户信息及营销建议推送到客户经理的微信企业号中，真正做到精准、精确、精细。最终依靠数据化建设，让网格互联互通，实现线上线下融合、协调发展。

# 第十三章

网格化管理展望：互联互通和数字化之路

# 第一节　网格数字化的五座大山

目前，大部分农商行已经意识到要让大数据发挥作用。这就需要农商行的管理模式与数据分析紧密结合，需要管理层的经营理念从传统的粗放管理逐步过渡到以大数据分析为基础的精细化管理。而省联社受制于顶层设计和与法人单位联动等因素，只是在部分应用方面做了尝试，没有实现整体性的推进。农商行作为独立法人，它们的大数据建设多在起步阶段，需要借助省联社和科技公司的资源。因此，农商行大数据建设任重而道远。

1.大数据应用缺乏顶层设计和统筹协调。农商行在战略规划、组织架构、职责分工、运行机制等管理水平方面差异较大，主要反映在以下几个方面：一是大部分农商行未能形成大数据战略与规划，或虽有规划但离真正发挥作用还有较大差距；二是未能形成组织架构健全、职责边界清晰的数据治理架构；三是数据治理制订路径存在不足，《中国银行保险监督管理委员会关于印发银行业金融机构数据治理指引的通知》（银保监发〔2018〕22号）中要求"银行业金融机构应当将数据治理纳入公司治理范畴，建立自上而下、协调一致的数据治理体系"。而大部分农商行的数据治理体系都是由科技部门牵头构建和实施，导致治理流程不顺畅，阻力重重，出现的问题虽然很容易被发现，但解决起来非常吃力，需要费时费力地协调各相关方的利益。

2. 外部数据接入困难。农商行在接入数据方面遇到的问题和难点主要有以下几个方面：一是业务部门的数据需求较大，但是可靠的外部数据源相对较少，且外部数据源一般需要在测试验证后，历经采购、开发对接、测试、上线等阶段，流程较长，时间消耗大；二是作为地方法人机构，农商行与数据提供单位对接困难，且不具有谈判优势，费用往往较高；三是部分接入数据的准确性无法验证，第三方数据更新的准确性、及时性、全面性有待提高；四是内外部各个系统之间数据规范、标准不一，难整合，致使出现数据孤岛现象，数据利用率和应用深度往往不高，可扩展应用受到影响；五是数据接入的安全问题，由于部分数据接入采用爬虫技术，不能确保安全性和稳定性，另外，银行数据和客户敏感信息一般不能出行，合作安全性要求较高；六是政府数据接入困难，政府部门数据开放度相对较低；七是出于成本的考虑，农商行针对某一个数据源往往缺乏备用数据源，导致对单一数据源依赖性很强，业务运行连续性风险大。

3. 数据的整合分析应用能力不足。农商行在数据质量管理方面的问题和难点主要有：一是大多数农商行基础业务系统数据录入不规范，数据源头多，基础数据缺乏治理，制约了数据质量的提升；二是外部数据的真实性、准确性、完整性无法验证，数据质量较难把控；三是数据治理工作缺乏统一的规划，大都没有成立专职的数据治理小组，没有把数据治理上升到战略层面；四是没有成立专门的数据挖掘团队，没有对大数据挖掘工具和数据挖掘语言进行深入的研究；五是大多农商行没有充分利用行内外的数据积累建设数据展示平台和智能化的领导驾驶舱等数据化产品的经验。

4.大数据应用场景建设单一。农商行过度依赖大数据成品公司，大数据应用场景一般在线上贷款、移动消费信贷和信用卡等方面，发布渠道多为手机银行和互联网金融平台。

5.大多数农商行的数据团队缺乏复合型人才，主要是缺乏既懂大数据系统建设又熟悉银行业务细节的复合型人才，特别是缺少熟悉大数据技术的人才。

大数据建设千头万绪，作为农商行必须找准重点予以突破，找到合适的着力点，逐步积累经验，最终完成适应本地的大数据方面的布局。在这过程中，需要注意以下几点。

一是数据接入。目前很多农商行都陆续接入了第三方数据，但是最重要的是要获取大量的当地政府数据，诸如社保、公积金、不动产、医保、公务事业单位人员、农户土地情况等数据，再辅以其他的数据，如人行征信、省联社风险预警数据、本行的黑名单数据及公网失信人数据、第三方数据。这样做虽未建设整体的数据质量管控平台，但是基本上可以防控区域性客户风险。

二是数据治理。数据治理绝对不是单个科技部门的事情。农商行在数据治理方面要成立专项治理小组或部门，对基础数据源管理、元数据管理、数据标准化、数据质量控制及后评价等方面开展专职的工作。在治理数据的同时，对某些敏感信息通过脱敏规则进行数据变形，实现对敏感隐私数据的可靠保护。

三是业务场景。农商行在大数据业务应用场景方面可以与第三方平台对接，实现个人消费业务的场景信贷，如与BATJ（百度、阿里巴巴、腾讯、京东四大互联网公司简称）等平台对接，实现农商行本地化客户引流和小额消费类业务的信贷投放。有条件的农商行在风险可控的前提下搭建本地化的互联网开放平台，充分利用银行的支付、结算、信贷等资源，为当地的互联网公司提供技术支撑，与它们展开技术和业务合作，为它们开放银行的客户、账户、支付、结算和信贷等API接口（应用程序接口），逐步将银行的业务生态化。

## 【案例】

### 某城商行的"智慧银行"建设之路

某城商行在有效整合内外部数据的基础上，一是搭建大数据平台，建立Oracle、Hadoop等大数据平台，形成风险数据集市、报送数据集市、考核营销数据集市和财会管理数据集市等四大数据集市，实现各类查询、下载和数据分析的功能，并可对查询和下载数据进行脱敏脱密，定制了460多张固定报表，极大地减少了制作报表的工作量。二是充分利用大数据挖掘软件，借助SAS工具建设了非零售评级、零售分池、贷款定价等项目，并自主开发了对公客户预警评分卡、证券公司授信专家打分卡、证券委外投资专家打分卡、基金公司授信专家打分卡、基金委外投资专家打分卡等5张评分卡。三是开发了关联图谱，运用R软件自主挖掘了该行授信客户的担保关系、投资关系、高管关系、资金往来关系、实际控制人等多重关联关系，并在大数据平台投产了可视化的关联图谱，并推送到信管系统和风险预警系统，有效揭示了风险的各种关联性。四是建设智能模型管理平台，建立一个集开发、管理和维护各类模型、策略于一体的开放式模型平台，并提供一个集数据存储、评分卡建模、策略分析和报表生成于一体的业务功能体系，全行员工均可在此平台上协同进行模型和策略的开发、维护、优化和升级等工作，统一管理全行线上线下业务风险控制模型，实现模型及策略生产的标准化，提高模型和策略开发效率，有效控制模型和策略风险。五是打造大数据风控宝盒，黑名单宝盒、企业资信报告宝盒、反欺诈宝盒、贷后预警宝盒等八大产品将陆续投产，身份证、学历及手机号码验证功能也将上线。

# 第二节 搭上 CRM 快车

从网格数字化管理看，建设好 CRM 信息系统是其基础。CRM 起源于西方国家的营销管理理念，其基本思想是将客户作为银行重要的资源，强调对客户价值进行管理，通过深入的客户分析和完善的服务来满足客户个性化的需求，从而实现客户的终身价值。

CRM 是一个获取、保持和增加可获利客户的方法和过程。它既是一种以客户为中心的银行管理理论、商业理念和商业运作模式，也是一种以信息技术为手段、有效提高银行收益、客户满意度和员工生产力的具体系统实现方法。CRM 是一种手段，它的根本目的是通过不断改善客户关系、互动方式、资源调配、业务流程和自动化程度等，降低运营成本，提高银行销售收入和客户满意度。

CRM 系统是以客户数据处理为基础，通过建立统一的客户信息视图，集客户信息查询、营销管理、团队管理和报表查询等功能于一体的信息系统。CRM 系统重点围绕客户生命周期管理、客户细分管理、客户价值管理等内容展开。

1. 客户生命周期管理。所谓客户生命周期管理（Customer Lifetime Management，CLM）是指从客户开始对银行进行了解或银行欲对某一客户进行开发开始，到客户与银行的业务关系完全终止且与之相关的事宜完全处理完毕的这段时间。对于客户关系而言，处于不同阶段的客户的行为特征及为银行带来的价值都是不同的，不同阶段驱动客户关系发展的因素也是不同的，因此客户关系具有明显的周期性特征。根据客户生命周期理论，农商行重点要关注以下 3 个阶段的客户关系管理。

（1）潜在客户的获取阶段。潜在客户的获取是银行通过广告、口碑或者有针对性的营销活动吸引潜在客户，并把他们转化为银行客户的过程。银行的困难是需要在有限的营销预算下发现有价值的客户，并将营销信息有针对性地发送给合适的受众。我们以整村授信为例，介绍潜在客户的获取。

以浙江农商行普遍开展的整村授信工作为例，农商行将户籍信息与村委会掌握的住户信息进行比对，并将清单交给民主评议人员评议，通过"背靠背"方式，将清单分成白名单、灰名单和黑名单。白名单就是潜在的授信客户，农商行可以通过短信、微信或客户经理上门服务等方式，将预授信信息送达白名单中的村民，这样就完成了潜在客户的获取过程。

（2）现有客户的经营阶段。随着客户关系的发展，银行和客户之间的关系逐渐进入成长和成熟期。在这阶段，银行需要更好地了解客户需求，为他们提供更好的产品和服务，提升客户价值。对于现有客户，客户关系管理的一个主要关注点是通过交叉销售和追加销售来提升客户收益率。

还是以整村授信为例，村民成为农商行潜在的客户后，会逐步使用小额信贷业务，因此会在银行信息系统中沉淀很多数据信息。农商行可以根据这些信息判断客户的价值、信用情况如何、是否有大额信贷需求，并将这些信息推送给客户经理，客户经理通过上门服务，了解村民的实际经营情况、家庭资产、家庭收入支出等信息，并提供大额贷款、理财、结算等综合的金融服务，从而逐步加强与客户的黏度。

（3）流失客户的赢回阶段。银行与客户的"蜜月期"终有过去的时候，这时银行就会面临客户流失的问题。由于银行业竞争激烈，农商行要从竞争对手手中获取新客户十分困难而且成本较高。有研究表明，吸引新客户的成本是保留老客户成本的5倍。因此，在客户具有流失风险倾向但还未流失时准确进行识别判断，并提供合适的产品和服务，将有助于降低银行后续客户经营成本。

2.客户细分管理。客户细分管理（Customer Segmentation Management，CSM）是实现客户关系管理的主要手段和方法，科学、准确的客户细分方法是客户关系管理研究中的一个核心问题。银行要推行客户关系管理，就需要对其所拥有的客户进行细分，并通过细分建立起相应的客户服务体系，开展差异化营销，以保证银行营销目标的实现。

（1）客户细分目的。正确的客户细分能够有效降低成本，提供具有针对性的产品、服务和营销模式，同时获得更好、更有价值的市场渗透。客户细分可以帮助银行达到以下几个目标。

第一，客户识别与定位。通过客户细分，银行可以确定每一个客户所属的类别，了解每一类客户的特征，为银行开展有针对性的营销和管理提供依据。

第二，分析客户忠诚度。客户忠诚度是客户创造持续价值的一个前提条件，如何对高忠诚度客户进行营销是一个关系银行成败的关键问题。

第三，指导新产品开发。通过客户细分可以发现客户偏好，银行可以对这些偏好进行分析，从而了解各类客户的需求，并将其体现在新产品的开发中。

第四，发现新的市场机会。通过客户细分可以了解到不同类型客户的需求特征，并从中发现那些尚未被充分满足的客户需求，从而为银行的现有产品和服务找到新的市场机会。

（2）客户细分的方法。一般来说，客户细分的特征维度主要包括客户基本信息特征和客户行为特征。

客户基本信息特征包含客户展现出来的外部特征，如人口统计学特征。人口统计学特征作为一类较易获得的信息，其基本假设是风俗习惯、文化程度、经济状况等方面的不同，会导致客户的消费心理、消费习惯有较大的差异。如农商行可以针对网格内的客户信息进行标签化管理，针对不同标签的客户，推送不同的金融产品和服务。比如对公务员推送信用贷款，对个体工商户推送二维码扫码付产品信息，对年轻人推送信用卡信息，对老年人推送存款类产品信息等。

行为特征则表现为客户的具体消费行为。行为细分是指，农商行依据客户以往和现在的行为来预测他们将来的消费行为，是一种以客户行为模式为基础，以信息技术为支撑的细分方法。其基本假设是行为相似的客户也有相似的偏好。举例如下：在利率市场化、资本约束愈加严厉的新环境下，某银行以强化资本管理为前提，对本行的信用卡客户进行了 12 个月的交易行为分析，并据此重点对高分客户群进行维护。该银行建立以分期营销为导向的额度管理和服务模式，增强分期业务宣传力度，积极预调临时信用额度，优先保证接受分期营销或主动申请分期的客户有足额的可用额度。

3. 客户价值管理。客户价值管理（Customer Value Management，CVM），是指客户在与银行保持客户关系的全过程中为银行创造的全部利润现值，既包括历史利润，即客户已经为银行创造的全部利润的净现值，也包括未来的利润，即客户未来能为银行带来的利润的总现值。

对商业银行而言，有价值的客户是其生存和发展的生命线。银行的资源是有限的，只有对客户的价值进行科学、合理的分析和判断，才有可能以最小的成本获取最大价值的客户。在正确判断客户价值的基础上，银行可以通过差异化营销留住客户、创造财富、求得发展。

管理学大师德鲁克指出："不能评价，就无法管理。"对商业银行来说，积极探索和建立客户价值评价指标体系是推动自身稳健持续发展的前提。商业银行的客户价值指标应当包括客户的当前价值与客户的潜在价值，当前价值决定了银行的当前利润，潜在价值关系到银行的长远利润。过去，银行在传统的以"产品"为中心的营销理念下，注重客户的当前价值，因此重视对大客户的经营管理。随着客户关系管理理论的发展，银行认识到，虽然大客户创造大价值，但是随着个人收入的不断提升，已有的众多小客户的潜在价值在银行业务中所占据的分量也是不可忽视的。目前，客户价值管理在日常业务的投入产出比测算中起到越来越重要的作用。

## 【案例】

## 价值户的有效管理

　　浙江某城商行自 2012 年底以来实行借记卡"全球银联 ATM 取现免费"措施，为该行带来了较好的宣传影响，其也是该行新增个人基础客户的一个重要手段。但是，免费措施也带来了副作用，如很多客户利用该行免费政策频繁转账和取现，甚至在海外批量取现，触及反洗钱政策。为此，该行调整了收费标准：由全部免费调整为每卡每月前 5 笔免费，超过后收取 4 元 / 笔手续费。按照 2017 年的取现情况测算，已满足该行 98.3% 的客户取现需求，还可节约 130 万元 / 年的手续费支出，更重要的是，清理了无效客户，留住了有价值的老客户，有效防范了客户洗钱的风险。

# 第三节　走上精准营销的大道

随着 CRM 系统的广泛应用，以及数据采集和数据存储技术的迅速发展，银行中积累的关于客户的数据也越来越多，庞大的数据背后隐藏着许多重要的信息。通过数据挖掘技术，对客户贴上标签，构建营销模型，银行能够深入地分析、了解客户的特征和需求，为客户提供个性化的产品和服务，提高客户的忠诚度和价值，这就是精准营销的实施，也是网格数字化追求的目标。

## 一、客户标签

农商行的数据一般较为分散，基本以业务分类为统计标准，如数据仓库。虽然数据仓库中基本已包含所有数据，但都以单项业务条线为基准做报表，如银行卡、ATM、网联、手机银行业务统计报表，而精准营销要求必须建立以客户为中心的标签体系。农商行要根据映射逻辑和正确的取数规则建立标签字段，并在数据分析的基础上，多角度核对数据的准确性。上述标签主要包括 3 类（见图 13-1）。

1.事实类标签，包括客户特征、交易特征和客户价值三大类，通过直接抽取或统计汇总形成。例如，年龄区间、客户存续时间、借记卡月交易笔数、信用卡是否逾期等。

图 13-1 客户标签视图

2. 模型类标签，包括身份分析、行为分析、渠道分析和偏好分析等，通过数据挖掘和评分模型生成。例如，是否为投资户、进入银行的原因、持续持有的产品或享用的服务、客户忠诚度和活跃度等。

3. 预测类标签，根据客户的事实类和模型类标签，结合银行现有产品，实现高价值客户维护、羊毛客户精准剔除，低价值客户精准推荐的目标。

## 二、Web 系统

在数据分析和标签体系的基础上，构建精准营销 Web 应用系统，提供包括标签管理、客群管理、客户画像、客户分析等功能。

1. 标签管理。标签管理模块提供了 Web 界面用于标签体系管理的功能，包括以下两部分：一是标签框架，用于管理标签的层级结构；二是标签池管理，用于管理维护标签体系中具体的标签，包括标签的基础信息、业务定义信息、技术定义信息和标签版本信息四大类。

2. 客群管理（见图 13-2）。客群管理模块提供了对于客群的

图 13-2　客群管理视图

增删改查等基础功能,以及客群的探索分析、营销分析和对比分析。

客群增删改查:以客群为单位的新增、修改、查询、删除操作。

客群复制与合并:客群复制用于对单个客群的快速复制,客群合并用于将多个客群合并为一个新的客群。

客群手动更新:用于更新选定客群的客户名单。

客群探索分析:用于详细查询当前客群的客户名单,提供基于当前客群的客户的可视化分析功能,分析内容包括客群的性别、星级、风险偏好、机构分布等信息,并支持导出为 PDF 文档。

客群营销分析:用于对已经绑定营销产品的客群,分析该客群的客户在营销前后的存款与理财余额的变化情况,以及绑定产品的购买人数、购买金额和购买渠道等信息。

客群对比分析:用于比较、分析不同时点的客群的客户名单,并且支持就差异的客户名单发起可视化分析和名单导出操作。

3.客户画像。客户画像模块提供了客户名单筛选和画像查询功能,以及针对客户画像页面布局的自定义配置功能。

客户画像查询功能,提供了可以根据客户号、客户名称、客户证件号码、客户地址、客户联系方式的组合筛选匹配的功能。

目前客户画像包括客户的基本信息、资产信息、负债信息、行为亲密度信息、业务概览（资产变化趋势信息、业务办理信息、渠道使用信息）、客户五维度分析、客户标签属性和营销信息等子模块。

4. 客户分析。客户分析模块（见图 13-3）提供对于全行客户的可视化分析功能，并且可以根据产品的特征指定需要分析的客群。其主要有两大分析维度：一是客户的汇总分析，包括对客户总人数、价值户人数、管理资产总额等数据的分析；二是客户的分布分析，包括对客户的性别、年龄层次、各种行为的金额及笔数、分支机构的分布等的分析。

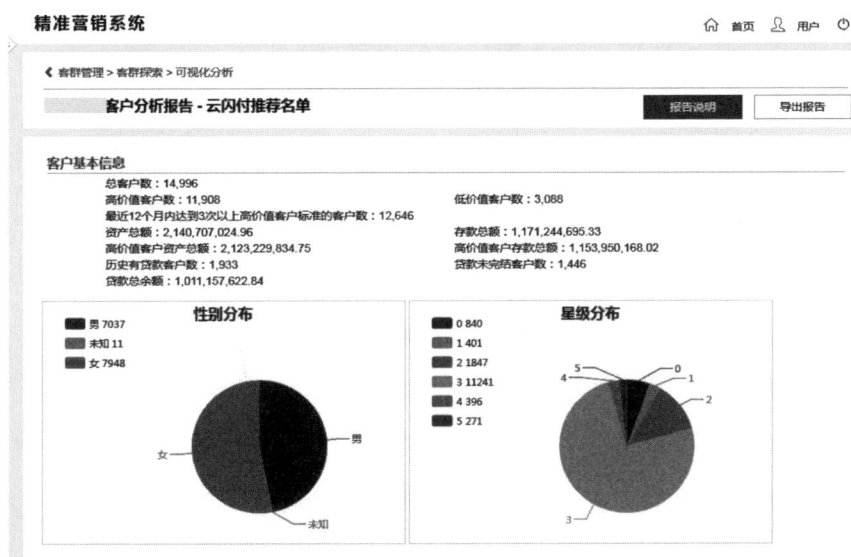

图 13-3　客户分析视图

## 三、精准营销

营销贯穿 CRM 的各个业务环节，是 CRM 的基础，也是银行实现从以产品为中心向以客户为中心的经营体系转型的关键。银行在进行营销活动设计时，需要依赖数据分析提供有价值的信息，然后研究合适的营销方案，最终做出营销决策。科学的营销设计有利于优化营销活动，提高营销活动的响应率，降低营销成本，进而提升营销活动的价值。一个好的营销活动，银行需要按照一定的步骤对其进行设计：首先是锁定目标群体，确定此次营销活动所针对的客户群体；其次是整合营销手段，考虑采取什么营销方法与客户建立联系；最后是实现精准营销，主动地为客户提供个性化的产品和服务。

（一）锁定目标群体

锁定目标群体是营销活动的基础，它可以使银行聚焦部分客户，而这部分客户也是最有可能给银行带来价值的客户。这对银行而言，可以降低营销成本；对客户经理而言，可以提升他们的成功率；对客户而言，能够获得自己所需的产品和服务。一般来说，锁定目标群体可以分为 4 个环节。

1.客户资料的收集。目标客户群体的锁定主要依靠各种分析、判断和预测，包括对客户的描述性分析、分层或预测性的回应概率计算，而这些过程都需要先收集客户资料。

2.营销目标的确定。确定营销目标时，主要考虑获利率、忠诚度和风险 3 个因素。银行往往可以借助客户细分的方法，来识别具有不同特征的客户群体，并结合调研技术细分客户市场的份额和客户群的市场潜力，通过这样的分析可以更加有效地指导目标群体的定位。

3. 模型的建立。银行应当选择合适的数据模型，预测目标客户的响应率，然后挑选具有高响应率的客户开展营销。模型的建立分为指标的选取、模型的建立和给客户打分3个步骤。

4. 名单的选择（见图13-4）。在最终营销名单的选择过程中，银行需要考虑营销成本、具体目标及其他一些条件，然后选取相应人数的客户进行营销。客户名单中最重要的信息是客户的联系方式，包括姓名、地址、联系电话、电子邮箱等内容。

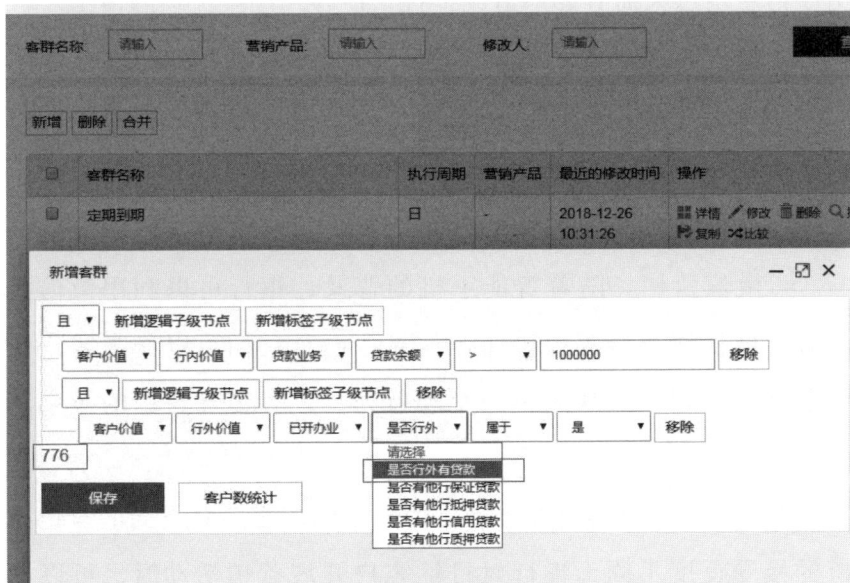

图13-4 名单选择视图

（二）整合营销手段

银行在锁定目标客户群体之后，就需要考虑如何与目标群体建立联系和沟通，让目标客户了解相应的产品和服务。常见的营销手段主要包括以下几种。

1. 电话营销。按照发话主体和受话主体的不同，可以将电话营销的方法分为呼入和呼出两种。好的电话营销方案通常是具有针对性的，只有这样才不会引起客户的反感，从而提高电话营销的成功率。

2. 直邮营销。直邮营销可以是电子邮件也可以是报纸夹页等形式，为客户提供大量的产品信息，帮助客户节约选择时间和成本。在进行直邮营销时，银行要注意根据目标客户的习惯，避免由于信息量过大而对客户造成干扰，使客户产生厌烦的情绪。

3. 短信营销。手机短信作为一种非常普及的通信方式，可以作为银行价廉面广的营销手段，但是必须进行有针对性的数据收集活动，不然还是会浪费大量的财力，而且会成为客户手机中的垃圾信息。

4. 微信营销。随着智能手机的普及，银行可以利用微信订阅号、微信银行号等提供商业信息，而且它们可以作为客户申请业务的入口，实现完美的交互行为，大大提升营销的效率和效果。

当然，从客户的角度分析，由于不同的客户对不同的营销渠道的接受程度不同，银行对目标客户开展营销活动时，可以通过数据挖掘的方法，为不同的客户匹配不同的营销渠道，从而提高客户对营销活动的响应率。

（三）实现精准营销

精准营销是一种相知型的营销模式，其化被动为主动，有意识地分析和挖掘客户，针对不同的客户提供不同的信息，将营销手段进行有机结合，提供个性化服务，降低银行风险，提高营销的转化率，提升客户忠诚度。银行在进行精准营销的过程中，需要在最佳的时机，对最合适的客户提供最佳的产品和服务。要做到这些内容，银行关键要做到 3 个"最优化"。

1.预算最优化。在营销预算的限制下，银行可以对客户进行评分，按分数高低筛选一定量的客户进行促销。预算最优化就是应用数据挖掘方法，通过建立模型计算客户得分，用得分来刻画客户对某种产品或服务的喜爱程度，在有限预算的情况下，尽可能地接触到有意向的客户。

2.活动最优化。活动最优化就是要建立一个净利润模型，测算营销活动所取得的预期收益与投入成本之间的量化关系，主要是预测有意向客户的比例、促销活动的成本、营销活动的潜在规模等数据。

3.客户最优化。这里有一个概念非常重要，客户最优化不要求每个促销活动的效益最佳化，而是将每个客户的价值最大化，也就是为不同的客户提供个性化的信息。为实现客户最优化，银行可以有计划地对客户推行一系列的促销活动，从而影响客户的行为，将与客户的关系维持得更久，为银行带来更多利润。

精准营销是一个闭环过程，需要不断地根据结果反馈对营销策略进行调优。

# 【案例】

## 低价值客户提升活动

近年来，浙江某城商行通过一系列有效方式发展个人基础客户，使客户数量不断增长，但客户的质量仍有提升空间，客户价值可以逐步挖掘。数据显示，该行总客户数近 200 万户，其中管理资产余额低于 100 元的客户约有 50 万户，为进一步激发低价值客户潜力，提升低价值客户价值，该行借助数据模型开展低价值客户提升营销工作。

1. 活动目标。一是通过该活动学会利用数据分析营销工具，为开展数据营销奠定基础和探索新营销途径积累经验；针对特殊群体客户进行营销方案制订和流程规划的尝试。二是通过该活动提升目标客户 1 万户，其中增加客户存款余额 1 亿元，增加客户购买理年化销售量 2 亿元，预计收入 100 万元。

2. 目标客户。在该行管理资产余额低于 100 元的客户；根据客户特征画像建立模型来筛选特定目标客户 2 万户。

3. 营销费用。活动总费用 30 万元，其中根据该行客户自然特征、社交行为和业务特征，基于多维度的统计分析，利用数据挖掘算法建立模型筛选可能被激活客户 2 万户，开发费用预算 9.5 万元；根据筛选可能被激活客户，开展灵活多样的激活方式，激活睡眠客户的精美礼品费用 20 万元，礼品费用与业务量挂钩，属于可变费用，礼品费用由总行划拨给客户所属分行；邀约客户 2 万户，通过短信邀约，费用 0.5 万元。

4. 营销活动。根据筛选可能被激活客户，通过发短信、打电话、客户经理上门服务相结合的方式开展营销活动，在活动期内客户登陆APP、网上银行或关注微信银行并绑定后转入5000元以上（含5000元）存款到银行，便可购买该行的专属理财产品，并可获得一份价值20元的精美礼品。活动期间，信息科技部协助将满足条件的客户在核心系统内做上标记，实现只有满足条件的客户才能购买专属理财产品。

5. 活动成效。根据模型提取的5万名单客户（均为0星级客户），合计有近2万客户的管理资产有提升，提升率为38.43%，管理资产余额累计增加12.2亿元。名单客户中，活期存款增加的有1.6万户，余额累计增加9139万元；定期存款增加的有108户，余额累计增加6797万元；存款日均增加1.28亿元；4788户购买了保本理财，余额累计增加2.37亿元；2324户购买了非保本理财，余额增加8.24亿元；6189名客户由0星级变为有星级。

# 第四节  让网格互联互通

如何将挖掘的精准信息快速有效地传递给客户经理，以便做好客户的服务工作，成为精准营销的必备手段。根据客户所处的位置及所办理的业务情况，系统可及时将相关信息推送给管户客户经理，客户经理可以据此做出标准的动作，从而更好地服务客户。信息渠道互联互通主要可以分为以下几类。

## 一、网点与客户的互通

客户进入银行的物理网点，系统可以将客户信息推送到客户经理的银行微信号进行到访提醒（见图 13-5），主要内容包括该客户在银行已有产品的信息，建议推介的产品和服务，强化营销的精准性。当客户进入银行网点并在柜面发生动账交易（也可以拓展到排队机、智慧柜员机或手机银行等渠道），精准营销 Web 系统将提供该客户画像和营销建议，通过 CRM 系统配置推送规则，把该客户画像和营销建议推送到客户经理的微信银行号中，以便提示客户经理。其中，客户画像包括客户身份特征、进入银行的原因、持续持有的产品和享用的服务、客户价值度和活跃度等。营销建议包括针对高价值客户进行维护或适当性推荐，针对低价值客户根据其身份特征、资产情况和投资经验有针对性地推荐银行相关产品。

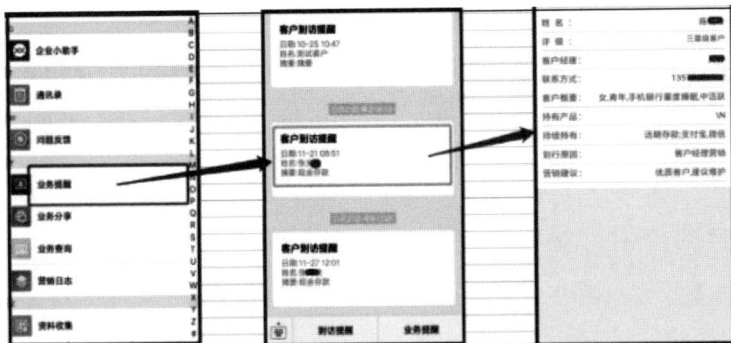

图 13-5　微信号到访提醒视图

## 二、产品与客户的互通

合适的产品与合适的客户进行有效匹配，可以大大提升营销的效率，提高客户经理的营销积极性。这个过程可以从易到难。首先，可以对网格内的客户信息进行简单的标签化管理，也就是将客户进行细分，比如将农商行的客户分为行政事业单位公务人员、国有企业员工、小微企业主、个体工商户、种植养殖户、一般农户、外出经商人员和外出务工人员等种类，然后根据不同标签，推送不同的金融产品和服务。如对公务人员推送白领贷、公积金信用贷款，对小微企业主、个体工商户推送 POS 机、二维码扫码付产品，对农村居民可以推送"三农"类的产品等。其次，银行可以根据客户的产品贡献来匹配不同的服务深度和频率。可以以存款（活期、定期）、理财、贷款等贡献来衡量，贡献越多，得分越高。通过对客户享有银行产品的量与交易频率两个方面来衡量客户的产品贡献。最终将各个产品的贡献得分加总，得到客户的产品贡献得分。在对不同产品设计评分规则时，考虑到不同类型的产品对银行的贡献程度不同，要通过综合分析近两年各评分项的数据分布，得到各评分项的分段评分规则和各类产品贡献的评分规则。最后，可以综合分析客户的五维度（产品贡献、忠诚度、服务享用、投资风险偏好、信誉度）图来判断客户的价值，对客户进行精细化管理，并做到产品和服务的高度匹配。

## 三、线上与线下的互通

随着互联网技术的逐步运用，主动授信模式得到银行的普遍接受。但是，主动授信模式会造成客户与银行的黏性下降。因此，如何利用线下网点的优势更好地服务线上客户就显得非常重要，尤其对农商行更是如此。例如，通过系统内的主动触发设定，当主动授信客户在提取额度的时候，系统会将此信息推送给客户经理，由客户经理主动电话或线下走访了解客户是否还需要增额或其他金融服务，这样可以更好地提高客户的满意度，并提升客户经理的工作成效。

## 四、业务与管户人员的互通

一般一名客户经理管户达到 500 户甚至几千户，如何管理好如此庞大的客户群是客户经理面临的较大挑战。客户经理除了做好日常的维护工作外，很重要的一项工作是关注客户大额资金的进出，以及对客户的定期存款、理财产品、贷款到期等业务的实时掌握。因此，业务预警系统成为客户经理服务好客户的必备工具。系统可以根据客户经理管户的客户状态设定不

同的预警规则，如资金进出量超过 50 万元的信息要推送信息给
客户经理，定期存款、理财产品和贷款到期前 10 天要推送信息
给客户经理等，通过这些预警规则，客户经理可以轻松地掌握
客户信息，提前做好预案，服务好客户。

　　通过由外而内、由内而外不断循环反复的过程，银行积累的
客户数据越来越多，对客户的了解越来越深，设计的系统模型
越来越准确，服务客户的能力也就越来越强，就可以真正做到
精准、精确、精细化管理，从而形成核心竞争力，在激烈的竞
争中立于不败之地。

# 附录一

—— 农商行网格化营销『四季歌』

# 一、春耕

| 序号 | 节庆日及活动主题建议 | 活动主要对象、目的及切入点 |
|---|---|---|
| 1 | 腊八节<br>——制作或派发腊八粥 | 对象：网点存量客户及网格<br>目的：有效维护存量客户，获取新客户；销售当下主推产品<br>切入点：很多地方的人们在腊八节有吃腊八粥的习俗，赠送腊八粥不仅可以快速吸引客户注意，而且更容易邀约客户参加活动，增近与客户间的情感，减轻客户对产品营销的排斥心理，从而拉动当下主推产品的营销 |
| 2 | 庆除夕<br>——红包不停歇 | 对象：存量客户<br>目的：有效维护存量客户；获取新客户；运用新方式营销<br>切入点：除夕夜"抢红包"已成为和"看春晚"一样的必备活动，并且"抢红包"有着比"看春晚"更高的关注度和参与率。利用"抢红包"活动能够在短时间迅速提升网点粉丝数量，增加关注人数和文章的阅读量，从而提升后期营销效率。活动结束后，要及时将参与客户的微信号和个人信息下发至专人，再进行后续跟进与营销 |
| 3 | 乐春节<br>——好礼滚滚来 | 对象：存量客户和新客户<br>目的：开门红期间，持续引爆产能，达成各项业绩指标<br>切入点：活动开展过程中，需要注意区别不同客户群的需求，根据需求匹配订制相关的活动 |
| 4 | 闹元宵<br>——猜灯谜赢好礼 | 对象：网格内存量客户<br>目的：有效维护存量客户；达成产品促销，提升产能<br>切入点：在元宵节开展厅堂趣味促销活动，是为了延续春节活动的热闹氛围，继续增加网点客户到访量，持续提升网点人气。此外，元宵节前后也是学生开学、商家开业、企业开厂，万象俱新的重要时段，客户资金逐渐沉淀，可推荐适当的理财产品，为他们做好合理的资产规划 |

| 序号 | 节庆日及活动主题建议 | 活动主要对象、目的及切入点 |
|---|---|---|
| 5 | 浪漫情人节——说出你的爱 | 对象：根据标准筛选的行内价值客户<br>目的：有效维护存量客户；营销本行产品；他行客户策反<br>切入点：通过网点为客户（爱人、朋友、父母、子女、闺密）拍照，举办赠送照片活动及送花活动，寓意真诚与爱意，从而增加客户对网点的满意度和忠诚度。可适时在活动中安排本行产品和贵金属讲解，有效宣传产品及增值服务 |
| 6 | 魅力女神节——与美丽相伴 | 对象：存款5万元以上的存量客户<br>目的：增加与高端客户接触频率；通过转介绍，引进优质新客户；有效提高客户黏性<br>切入点：通过切合女性需求的活动，教会女性客户如何进行服饰搭配，从而增加客户对本行的满意度。可邀请女性客户带一名同伴来参加 |
| 7 | 祈福龙抬头——二月二，龙抬头 | 对象：根据标准筛选的行内价值客户<br>目的：存量客户回馈；客户资产提升；他行客户策反<br>切入点：二月二，龙抬头，有理发的习俗，可与理发店合作，在网点门口等地举行免费理发活动，过程中宣传产品、活动、增值服务权益等。为策反他行客户，活动当天在本行新增1万元及以上定期存款的新增客户即可参加活动。前期与理发店进行洽谈、银商合作，理发店提供理发师，银行帮助宣传、发放理发折扣券，进行客户引流的长期合作 |

# 二、夏　耘

| 序号 | 节庆日及活动主题建议 | 活动主要对象、目的及切入点 |
|---|---|---|
| 1 | 3·15——金融防诈骗知识竞赛 | 对象：周边社区中老年客户、拆迁户、女性客户等<br>目的：树立银行良好形象<br>切入点：保障金融消费者合法权益，践行社会责任，维护客户关系 |

续 表

| 序号 | 节庆日及活动<br>主题建议 | 活动主要对象、目的及切入点 |
|---|---|---|
| 2 | 世界读书日<br>——捐建社区图书馆 | 对象：周边社区客户<br>目的：提升本行的美誉度及知名度，提高客户交互频率<br>切入点：帮助社区居民树立读书意识，倡导分享文化，将居民家中束之高阁的图书分享给大家借阅，打造社区"知识中转站"，共建文明社区，增强客户生活体验。同类活动还可参考"诗词朗诵"活动、讲故事大赛等 |
| 3 | 五一劳动节<br>——劳动最光荣 | 对象：存量客户和网格<br>目的：客户维护，达成各项业绩指标<br>切入点：增加客户到访量；对中低端客户来说，体会到银行的重视；可设置厅堂抓鸡蛋、套圈圈、扎气球等活动，增添人气，拉近彼此距离 |
| 4 | 美丽母亲节<br>——靓妈爱生活 | 对象：妈妈级客户<br>目的：有效维护客户；收集和完善客户的信息并加以联络，增加客户黏度；通过女性客户群体转介，增加新客户<br>切入点：开展促销活动，活动方式、人员配备、异业联盟等都要提前准备好，特别是与异业（美容美发、鲜花店等）提前做好沟通，银行推荐的客户需加倍做好现场服务。偌大的女性客户群，后期能带来更多的转介客户，不管是对银行还是对合作商都是获客的最佳方法 |
| 5 | 缤纷儿童节<br>——小小银行家 | 对象：高端客户<br>目的：有效维护和提升中高端存量客户；中长期理财类产品促销<br>切入点：让孩子们认识并体会到网点各个岗位的相关工作，对银行和理财有一个初步的认识，同时进一步增进亲子关系 |
| 6 | 暖心父亲节<br>——大声说爱你 | 对象：爸爸级客户<br>目的：有效维护客户；收集和完善客户的信息并加以联络，增加客户黏度；与幼儿园、三方机构联合举办，增强与客户的黏性，并可从机构中获取其他客户群<br>切入点：银行在父亲节举办系列活动，能够为男性客户带来新的家庭快乐，同时也是升级客户体验的绝佳方式。让孩子与父亲同时参加活动，还可以通过一段话表达对父亲的爱与敬意，让客户体验到一个温馨的父亲节 |

| 序号 | 节庆日及活动主题建议 | 活动主要对象、目的及切入点 |
|---|---|---|
| 7 | 钟情端午<br>——包粽子 | 对象：中老年客户<br>目的：存量客户回馈，客户资产提升，他行客户策反<br>切入点：增强存量客户对厅堂活动的体验，拉近与客户的关系，提升客户忠诚度，并借机实现客户资产提升，提高产品交叉销售率，以助推业务快速发展 |

# 三、秋　收

| 序号 | 节庆日及活动主题建议 | 活动主要对象、目的及切入点 |
|---|---|---|
| 1 | 中秋节<br>——中秋答谢会 | 对象：中高端客户及其家人<br>目的：维护和拓展中高端客户，推广中收产品，推动客户转介绍<br>切入点：为客户送去银行的祝福，并提供愉悦的节日体验，维系客户关系 |
| 2 | 国庆节<br>——国庆七天乐 | 对象：高端客户<br>目的：维护和拓展高端客户，品牌推广，培养忠实客户，相关理财产品和专属产品推荐<br>切入点：人们往往会利用国庆这个时间探亲旅游，不妨将出游与营销活动结合起来，由银行与旅游机构合作为客户策划一场更加优惠、有趣的旅行。一方面，符合客户的需求；另一方面，可以达到客户维护和产品营销的目的。注意后期旅游机构的跟进，可以组建旅游俱乐部，互惠互利的同时，逐步营销资产类业务、代发工资等产品 |
| 3 | 重阳敬老<br>——孝暖人间 | 对象：高端客户及其父母<br>目的：提升已有客户的满意度和忠诚度，同时推广本行对中老年人的存储业务和增值服务<br>切入点：普及中老年人养生护理等知识，不仅能体现本行对中老年客户的关爱，有益于提升客户对网点的依赖，同时也有利于中老年客户的子女及其朋友成为潜在客户源 |

## 四、冬 蓄

| 序号 | 节庆日及活动主题建议 | 活动主要对象、目的及切入点 |
|---|---|---|
| 1 | 双十一<br>——相亲大会 | 对象：青年客户或客户家属等<br>目的：维护和拓展青年中端客户，以老带新，维护老年客户，获取年轻新客户<br>切入点：相亲大会不仅为目标客群打造了一个交流平台，还让他们有机会认识更多的同类人群。若配对成功，客户对于本行也能有特殊的感情，另外随着客户结构逐渐老龄化，相亲大会不仅可以解决中老年客户担忧的问题，同时还能以老带新，获取稳定年轻客群<br>针对单身人士，在光棍节还可以举办"单身派对"来吸引另一部分暂时不想相亲的年轻人，也可参照"购物狂欢节"举办活动 |
| 2 | 双十二<br>——购物节 | 对象：年轻客户、账户余额较少客户或周边写字楼、学校等区域潜力客户<br>目的：配合年轻人的喜好，加强零余额或低余额客户的黏合度，增加账户余额，推广网上银行和手机银行<br>切入点：借网络购物节的东风，向客户大力推荐自己的产品和服务。银行可与各购物门户网站合作，在商品浏览和付款页面进行活动宣传，扩大活动覆盖面 |
| 3 | 冬至<br>——包饺子 | 对象：存量客户和展业地图客户<br>目的：客户维护，达成各项业绩指标<br>切入点：组织冬至包饺子（汤圆）活动，不仅为老一辈客户带来温馨体验，也为年轻客户普及了中国传统节气文化。同时，在维护中高端客户客情关系、带来活动快乐外，还可针对活动期间办理相应金额存款与贵金属业务的客户，赠送饺子或汤圆一袋 |
| 4 | 双"蛋"节<br>——砸金蛋 | 对象：存量客户及展业地图客户<br>目的：以回馈的形式在对客户做好维护的基础上进行提升<br>切入点：让客户感受到节日的喜庆气氛与获取小礼品的惊喜 |

附录二 —— 农商行七大客群活动攻略

## 一、老年客群

| 序号 | 活动主题建议 | 活动主要目的及切入点 |
|---|---|---|
| 1 | 养生保健讲堂 | 目的：收集老年客户信息，策反资金；维系老年客户感情，增强他们的归属感；吸引他行老年客户成为本行客户<br>切入点：老年人的健康需求，如可举办厅堂量血压等活动 |
| 2 | 防诈骗<br>知识讲座 | 目的：获取老年客户信息，宣传银行卡服务，向老年客户营销低风险产品，增强老年客户的防诈骗意识<br>切入点：通过金融知识进万家的沙龙活动，拉近银行和附近居民的关系，增加亲密度 |
| 3 | 社区棋牌比赛 | 目的：为老年客户提供舒适的休闲场所和丰富的休闲活动，提升银行与客户的接触频度，构建亲密银客关系<br>切入点：与社区居民在一起零距离接触和互动，以中老年客户群体喜爱的居民业务活动，满足客户的非金融需求，赢得他们的青睐 |
| 4 | 广场舞大赛 | 目的：通过持续举办广场舞比赛，增加本行人气；通过与本地广场舞协会等组织的深度合作，搭建起连接广场舞"大妈们"的桥梁，从而提高本行的知名度和美誉度；通过活动与营销对接，提高银行蓄客量，为银行业绩发展打下坚实的基础<br>切入点：以客户喜爱的形式和方法展开丰富多彩的活动，不断丰富客户的文化生活，提高银行的品牌和知名度 |

## 二、女性客群

| 序号 | 活动主题建议 | 活动主要目的及切入点 |
|---|---|---|
| 1 | 茶道讲座 | 目的：完善中高端女性客户增值服务体系，扩大本行理财品牌的市场影响力，进一步提高中高端女性客户的忠诚度和贡献度<br>切入点：与高端客户充分交流，增加本行与客户的接触频率 |
| 2 | 美容养生 | 目的：让女性客户得到实惠，提升体验感，介绍本行的增值服务，为现场促成和二次转介打好基础<br>切入点：从女性普遍关心的美容、保健、养生角度出发，吸引客户注意，增加客户经理与客户的交流机会，增强客户黏性。通过异业联盟，互惠互利，增加客户 |
| 3 | 红酒品鉴 | 目的：通过红酒品鉴会维护并营销高端客户<br>切入点：帮助女性了解红酒品赏技巧，提升客户的生活品质，凡是当天来参与的客户，即可参加朋友圈转发集赞送红酒的活动，为本行积累人气，打造好口碑，提升品牌形象 |
| 4 | 形象设计 | 目的：与高端客户建立亲密的关系，增加本行与客户的接触频率；通过客户转介绍，为本行带来新的优质客户资源；通过举办满足客户需求的系列主题活动，提高客户黏性<br>切入点：为参与活动的高端女性客户提供互相认识、交流与合作的机会 |

## 三、亲子客群

| 序号 | 活动主题建议 | 活动主要目的及切入点 |
|---|---|---|
| 1 | 戏剧观影 | 目的：客户答谢，维护客户关系，新产品推荐<br>切入点：培养孩子们的艺术感，增强父母与孩子之间的互动；利用候场时间介绍行内产品 |
| 2 | 爱心义卖 | 目的：新客户获取<br>切入点：借助爱心义卖活动，为福利、公益机构筹集资金；提高公众对社会弱势群体的关注度；增进父母与子女之间的情感交流，提升孩子的爱心意识。在活动进行的过程中，可以侧面观察来参与购买义卖品的客户，询问他们是否对活动感兴趣，发放活动宣传册，让客户了解本行产品和活动。此外，购买本行理财产品，行内将从自身的收益内捐出1元给福利机构等。做好活动获客信息的梳理，以便后期挖掘和盘活 |
| 3 | 童趣科普 | 目的：客户维护与新客户获取<br>切入点：增加家长与孩子间的互动，让小朋友们在学习中结交新朋友 |
| 4 | 金融知识讲堂 | 目的：新客户获取<br>切入点：增加家长与孩子间的互动，提高社区居民金融知识水平 |
| 5 | 陪你成长 | 目的：中高端客户维护与新客户获取<br>切入点：设计亲子类的DIY活动，如共同制作西点、泥塑、各种手作等，增加家长与孩子间的互动，提高孩子动手能力 |

## 四、白领客群

| 序号 | 活动主题建议 | 活动主要目的及切入点 |
|------|------------|--------------------|
| 1 | 瑜伽课堂 | 目的：有效维护与提升高端客户数量<br>切入点：帮助白领客群进行健康管理，同时增加客户对银行的满意度和忠诚度。可以考虑与瑜伽会所进行长期合作，建立一项客户与瑜伽会所之间的联系。可邀请瑜伽老师来网点厅堂授课，还可以作为中介，建立意向客户与瑜伽会所之间的联系。银行也可以将瑜伽老师作为代发工资户客群来进行获取和维护 |
| 2 | 时间管理讲堂 | 目的：有效维护与提升高端客户数量<br>切入点：帮助白领客群进行时间管理，同时增加客户对银行的满意度和忠诚度 |
| 3 | 圆桌 | 目的：客户维护与新客户获取，有限推广本行理财、信贷业务<br>切入点：为优质白领客户提供合作交流的平台 |

## 五、商贸结算客群

| 序号 | 活动主题建议 | 活动主要目的及切入点 |
|------|------------|--------------------|
| 1 | 招商会 | 目的：为商户联盟平台招募优质商家，向商家展示本行收单产品、手机银行、信贷产品<br>切入点：切实为客户提供优惠，增加客户对银行的满意度和忠诚度 |
| 2 | 防骗 | 目的：宣传本行收单业务，策反他行客户，收集商户信息，策反资金<br>切入点：在鱼龙混杂、层层分包、管理混乱的POS机市场下，指导商户远离POS机骗局。同样的方式还包括：个体商户如何防假币，商户如何合理避税，商户如何应对现场投诉与刁蛮客户，商户如何布置门面，教你如何经营客户、如何多快好省地开网店，等等 |
| 3 | 宣介会 | 目的：宣传本行二维码收单业务和信贷业务，收集商户信息，资金策反<br>切入点：帮助商户更好地了解趋势，认准市场，在经营过程中提升利润。可以根据周边市场商圈的种类，有选择地开展商业精英交流会 |

## 六、外出务工客群

| 序号 | 活动主题建议 | 活动主要目的及切入点 |
|---|---|---|
| 1 | 关爱空巢老人 | 目的：展业地图范围排查，收集当地外出务工人群的联系方式与详细资料；公益行动，展示本行的品牌形象，提升美誉度，获取周边客户的支持；与空巢老人打好关系，长期跟进感情维护，归拢老人的资金<br>切入点：提升空巢老人的幸福感与外出务工家庭的和谐程度，进而与客户形成良好的合作关系。一方面，通过长期的感情经营，能获取老年客户的信赖；另一方面，通过给外出务工客群定期汇报家庭情况，能与其建立长期稳定的情感维系和良好的合作关系，使之自愿将资金存入本行 |
| 2 | 关注留守儿童 | 目的：关注留守儿童，收集外出务工客户的信息并联络，获得客户的支持<br>切入点：重视渠道的建立，可与政府、居委会、电视台等合作开展活动，体现社会责任感，提升周边住户的和谐和本行的品牌知名度 |
| 3 | 老乡年货我来送 | 目的：通过年货送到家的增值服务，策反他行客户资金，通过活动吸引客户开卡，增加客户量<br>切入点：外出务工人群购买年货、寄包裹的过程麻烦，还需要几十元的邮寄费用。银行可以与快递公司合作，给外出务工人群提供便利，顺势营销，策反资金。可制订相应规则，凡春节期间来本行开卡，免费邮寄1千克以下包裹，存款5万元，免费邮寄5千克以下包裹并送年货超值礼包一套……对于年货送到家的促销活动，一定要留意"合作渠道获客"这一点，不能仅仅局限于对厅堂客户的宣传，对于合作的快递商家也要有相应的要求 |

# 七、种植养殖客群

| 序号 | 活动主题建议 | 活动主要目的及切入点 |
|---|---|---|
| 1 | 银农合作,服务"三农" | 目的:建立银农合作平台,使优质种植养殖户成为合作会员;为优质种植养殖户提供更多的增值服务,提高客户黏度和产能贡献。同时收集客户信息<br>切入点:为广大种植养殖户提升农业技术,提高生产养殖效益。种植养殖个体没有知识信息渠道的获取优势,针对这一点,银行可以利用自己的资源,与当地农技站、种子公司、农业研究所等合作,成立农银合作社,为广大种植养殖户提供相关农技技术,提高生产养殖效益,增加农户收入,使种植养殖户成为合作社社员。此类活动需周期性组织,新老客户共同参与,以老带新,不断扩大合作社规模,策反他行客户,持续、长期地为优质种植养殖户提供农技知识,同时也可以在活动中穿插本行的金融产品宣传和营销 |
| 2 | 系列知识讲座 | 目的:为优质种植养殖户提供更多的增值服务,提高客户黏度和产能贡献。同时收集客户信息<br>切入点:根据种植养殖类型延伸举办更具针对性的系列讲座,以增加客户黏性。在与客户进行交涉的过程中,要明确对方需要配合的工作内容,告知种植养殖户能够获得的利益点,本行能为其提供的帮助和服务有哪些,办理本行的业务有什么优惠等。在此基础上,应进行多次沟通,最后,本行人员还需要注意逻辑与思维引导方式,促进业务办理与合作交流更好的完成 |

# 附录三 ——

## 农商行主题类活动指引

## 一、产品主题讲座

根据当下主要营销的业务和产品重点，结合银行的品牌特色，邀请目标客户群内的客户，举办各类产品主题讲座，增进客户对本行各类产品的理解，树立客户与本行长期合作的信心，促进当季重点产品的营销。产品可按照负债业务、资产业务和中间业务分为 3 类，产品主题讲座应有重点，同时注意收集客户的需求，以便开展二次营销。

## 二、常态性活动

| 序号 | 活动主题建议 | 活动主要目的及切入点 |
|---|---|---|
| 1 | 周年答谢会 | 对象：所有客群<br>目的：支行××年回顾展望，扩大网点知名度，回馈新老客户<br>切入点：通过活动充分展现网点形象、业务模式、服务理念，引发所有来宾的共鸣，加深客户对网点的印象 |
| 2 | 季度回馈 | 对象：重要客户<br>目的：感恩回馈银行重要客户，增强银行在所在地区的社会影响力和品牌知名度，通过活动大力推广下一季度的主要业务<br>切入点：充分展示企业形象、业务模式、服务理念，为客户留下美好回忆。随客户一同参与的家属朋友，也是潜在客户，要做好信息收集和归档，并分派专人跟进，努力将潜在客户化为实在客户 |
| 3 | 生日联欢会 | 对象：存量客户<br>目的：对新老客户进行回馈，定期维护本行不同层次的存量客户<br>切入点：活跃气氛，让所有参与者都能感受到快乐。可以与周边的联盟商户合作，与周边社区居委会合作，一部分由合作单位提供免费小礼品，一部分结合本行近期主推业务和产品介绍手册做成礼品袋，赠送给客户 |

| 序号 | 活动主题建议 | 活动主要目的及切入点 |
|---|---|---|
| 4 | 每周众乐乐 | 对象：存量客户<br>目的：通过活动，现场收集客户个人与家庭信息，为后续长期跟进打下基础，提升客户忠诚度。现场发放客户体验卡，养成客户来网点的习惯<br>切入点：电影是大众娱乐的产物，虽然目前电子设备发达，但是独乐乐不如众乐乐，大家一起看电影的方式可以促进感情的加深。同类活动还可以参考"每周美甲体验"（与美甲商洽谈合作）、"周三鸡蛋优惠购"、"周四微沙龙"、"周六一起下象棋"等。每周的活动属于常态化活动，为存量客户的维护提供了由头和权益。长期举办，能够提升忠诚客户的数量及营销活动的邀约成功率 |
| 5 | 逢8来 | 对象：存量客户、展业地图客户<br>目的：8、18、28号抽奖，吸收客户存款；通过热闹活动吸引客户，收集客户信息<br>切入点：部分客户选择到网点存钱会贪小便宜，如果让客户在固定时段存钱且有利可图，将能吸引到这部分客户做出选择本行的决定。逢8有抽奖是一个常态化的回馈活动，这类活动的定期举办，意在让银行的重点客户了解、熟悉银行的服务与福利，培养他们对本行服务的依赖性，同时还能通过长期宣传展示会员权益，促进其他普通客户提升层级，提升客户贡献度 |

# 附录四

## —— 城市社区居民储蓄理财营销十法

| 序号 | 活动名称 | 具体方法 |
|------|----------|----------|
| 1 | 银行杯·春日舞林大赛 | 客群名称：广场舞爱好者／中老年阿姨<br>客群特征：有钱有闲，掌管着家里的财政大权，能达到贵宾级<br>活动流程：<br>①活动前：通过前期宣传，由各领队自行组队报名，分组情况由现场实际报名人数自行调节，邀请特约评委1名当裁判，建议人均活动经费不超过20元<br>②活动中：<br>人员安排：主持1名、营销2名、信息登记员1名、礼品发放员1名、现场统筹员1名<br>活动步骤：第一，银行、比赛规则介绍；第二，开始表演；第三，评选；第四，颁奖、致感谢词<br>③活动后：<br>对本场活动亮点与不足之处进行总结，并撰写活动案例；<br>客户资料整理，信息录入CRM，方便后期联系及营销；<br>每日对客户营销过程（成果与困难）进行追踪汇报 |
| 2 | 当专业遇上专业之月嫂篇 | 客群名称：月子中心月嫂<br>客群特征：收入相对稳定同时有一定经济基础，对理财有一定意识<br>活动流程：<br>①活动前：寻找一些防诈骗的知识案例，联系月子中心老板让他组织月嫂培训，以防诈骗知识宣传为切入点进行产品宣传，准备名片、随手礼、宣传资料，营销费用仅为日常消耗品<br>②活动中：<br>人员安排：营销线全体人员<br>活动步骤：第一，银行概况介绍；第二，防诈骗案例讲解；第三，产品介绍；第四，信息收集<br>③活动后<br>对本场活动亮点与不足之处进行总结，并撰写活动案例；<br>客户资料整理，信息录入CRM，方便后期联系及营销；<br>每日对客户营销过程（成果与困难）进行追踪汇报 |

| 序号 | 活动名称 | 具体方法 |
|---|---|---|
| 3 | "煮厨"·私房菜大比拼 | 客群名称：附近社区的家庭"煮厨""煮妇"<br>客群特征：有钱有闲，掌管着家里的财政大权，爱好做菜和爱好美食的人群<br>活动流程：<br>①活动前：通过前期宣传，通知活动时间地点，准备食材、厨具、礼品、名片及宣传资料，预算在2000元以内<br>②活动中：<br>人员安排：主持1名、营销2名、信息登记员1名、礼品发放员1名、现场统筹1名<br>活动步骤：第一，银行概况介绍；第二，比赛规则介绍；第三，开始比赛；第四，评比、颁奖、致感谢词<br>③活动后：<br>对本场活动亮点与不足之处进行总结，并撰写活动案例；<br>客户资料整理，信息录入CRM，方便后期联系及营销；<br>每日对客户营销过程（成果与困难）进行追踪汇报 |
| 4 | 关爱他们，就是关爱以后的自己（重阳节关爱老人公益宣传） | 客群名称：社区内退休职工<br>客群特征：年纪大，对理财收益率要求较高，慢热型客户<br>活动流程：<br>①活动前：联系一个社区负责人沟通本次活动事宜，确定活动时间地点，做好活动预热，参与人数6人左右，准备血压计、血糖仪、水果、随手礼等<br>②活动中：<br>安排老人测量血糖血压，入场提供水果茶点及陪老人聊天，拉近与老人的距离<br>③活动后：<br>对本场活动亮点与不足之处进行总结，并撰写活动案例；客户资料整理，信息录入CRM，方便后期联系及营销；每日对客户营销过程（成果与困难）进行追踪汇报 |

| 序号 | 活动名称 | 具体方法 |
| --- | --- | --- |
| 5 | 某某社区节日主题茶话会 | 客群名称：银行附近社区中老年居民<br>客群特征：对附近较为熟悉<br>活动流程：<br>①活动前：准备一个简单的PPT用于介绍银行及银行重点产品，准备随手礼、茶点、抽奖箱<br>②活动中：人员安排：产品讲解员1名、服务员1名、信息登记及奖品派发员1名<br>③活动后：<br>对本场活动亮点与不足之处进行总结，并撰写活动案例；<br>客户资料整理，信息录入CRM，方便后期联系及营销；<br>每日对客户营销过程（成果与困难）进行追踪汇报 |
| 6 | 健康享一生幸福，理财保一生财富 | 客群名称：在社区医院定期进行社保体检的中老年人及社区医生<br>客群特征：年龄大，关注健康，关注理财，保守型客户<br>活动流程：<br>①活动前：准备健康食品（例如农家土鸡蛋等）、宣传资料、名片。通过医院下发的体检通知获取客户信息，进行有针对性的活动邀约<br>②活动中：人员安排：营销1名、信息登记员1名、现场开卡员1名<br>活动步骤：安排参加人员进行抓鸡蛋小游戏，并进行产品介绍及营销<br>③活动后：<br>对本场活动亮点与不足之处进行总结，并撰写活动案例；<br>客户资料整理，信息录入CRM，方便后期联系及营销；<br>每日对客户营销过程（成果与困难）进行追踪汇报 |

| 序号 | 活动名称 | 具体方法 |
|---|---|---|
| 7 | 美好人生，财富保证 | 客群名称：退休老人<br>客群特征：有歌唱、书法、体育等兴趣爱好的协会会员<br>活动流程：<br>①活动前：联系好协会会长进行活动邀约，配合协会开展活动，准备水果、点心、名片及宣传资料等，经费预算300元。后续根据协会贡献度提供赞助<br>②活动中：<br>人员安排：营销1名、信息登记员1名、开卡员1名<br>活动步骤：配合协会保持活动有序开展，其间插入银行产品介绍<br>③活动后：<br>对本场活动亮点与不足之处进行总结，并撰写活动案例；<br>客户资料整理，信息录入CRM，方便后期联系及营销；<br>每日对客户营销过程（成果与困难）进行追踪汇报 |
| 8 | 赚钱机会一个都不能少 | 客群名称：房产中介及买卖双方<br>客群特征：有房产在交易及交易资金有监管需求的买卖双方<br>活动流程：<br>①活动前：寻找房产中介介绍资金监管业务，营销买卖双方至银行进行资金监管。待监管完毕，营销卖方的资金留存<br>②活动中：<br>人员安排：营销2名<br>活动步骤：走访周边房产中介，介绍资金监管业务，引导买卖双方至银行开卡办理业务<br>③活动后：<br>每日对业务流程进行追踪，防止业务流失 |

续　表

| 序号 | 活动名称 | 具体方法 |
|---|---|---|
| 9 | 小小银行家 | 客群名称：小学生及家长<br>客群特征：缺乏理财意识，收入较高的年轻家长<br>活动流程：<br>①活动前：<br>通过线上招募平台及与商场合作，招募100名小学生及家长分批报名及组织体验。准备练功券、小小银行家服装、横幅、名片、宣传单等，活动经费1000元<br>②活动中：<br>人员安排：主持控场员1名、营销互动员2名、礼品发放员1名<br>活动步骤：大堂经理角色扮演，业务办理亲子互动，点钞比赛，开卡，防诈骗知识宣传<br>③活动后：<br>对本场活动亮点与不足之处进行总结，并撰写活动案例；<br>客户资料整理，信息录入CRM，方便后期联系及营销；<br>每日对客户营销过程（成果与困难）进行追踪汇报 |
| 10 | 小小美食家之珍珠奶茶 | 客群名称：小朋友与爷爷奶奶或外公外婆<br>客群特征：小学及幼儿园门口等待接送小孩的爷爷奶奶、外公外婆<br>活动流程：<br>①活动前：发放体验券以登记客户信息，并邀请爷爷奶奶携小朋友至银行网点制作健康奶茶，准备奶茶所需食材，活动预算200元<br>②活动中：<br>人员安排：奶茶师傅1名、营销1名、信息登记员1名、礼品发放员1名、现场统筹员1名<br>③活动后：<br>对本场活动亮点与不足之处进行总结，并撰写活动案例；<br>客户资料整理，信息录入CRM，方便后期联系及营销；<br>每日对客户营销过程（成果与困难）进行追踪汇报 |

附录五 —— 农村客群储蓄理财营销十法

| 序号 | 活动名称 | 具体方法 |
|---|---|---|
| 1 | 温暖银行，关爱牙齿健康 | 适用客群：中老年人<br>客群特征：该部分人群普遍为家庭的经济支柱或者储蓄理财的主要人群，是银行储蓄理财营销的重点对象；目前社会各组织很关注村民的身体状况，但是往往会忽略他们牙齿的问题，所以该类活动会更大程度地引起村民的关注和参与<br>操作流程：<br>①活动前：<br>商户对接：与口腔诊所谈好合作方案（最好是附近的、新开业的诊所，谈好能够免费进行口腔体检）；<br>客户邀约：提前通过村里广播、群发短信、在公告栏贴公告等方式通知村民，与村民确定好时间、地点<br>人力：银行员工3—4名、医护人员2名<br>物料：银行宣传单、牙齿保健小知识宣传单、牙齿体检小设备、小礼品<br>预算：开户或者存款送礼，根据当地实际情况配置一定的礼品<br>②活动中：<br>步骤：村民排队由医生检查牙齿并给出解决方案；银行员工在旁维护秩序和营销客户；可以设置开户抽奖、存款送礼活动<br>人力：总体维持秩序人员1名、营销并登记信息人员2名、抽奖和发放礼品人员1名<br>注意事项：与牙科诊所的对接，要提前通知，现场秩序，登记信息，如有条件建立微信群<br>③活动后：<br>活动总结：当天回行做好总结<br>追踪：潜在客户定期营销<br>激励：活动后续成果排名，及时通报；根据营销成果进行奖励 |
| 2 | 银行与您大联欢 | 适用客群：长期在村里的固定村民<br>客群特征：该部分人群普遍在家做农活或不太外出，消费也很少，喜欢攒钱，是银行储蓄理财营销的重点对象。这部分人群的小孩不在家的为多，平时空闲时间比较多，所以会有较多的时间参与我们的联欢活动<br>操作流程：<br>①活动前：<br>准备工作：扑克牌，剪刀，红纸，西瓜，奖励用的小礼品若干 |

| 序号 | 活动名称 | 具体方法 |
|---|---|---|
| 2 | 银行与您大联欢 | 人力：人员6—7人<br>预算：500元<br>客户邀约：通过村委会获取村民名单，电话通知村民报名参加联欢会的比赛项目<br>活动方案：分3个项目进行比赛，分别是"惯蛋"比赛，剪纸比赛，吃西瓜大赛，最终在3个项目中分别筛选出3名进入决赛，决赛由个人进行才艺展示，由观众投票决定名次，另支行人员也要准备一些才艺表演<br>②活动中：<br>每个比赛项目安排指定的裁判人员，选出每个项目的前3名参与决赛，安排一到两名人员维持现场秩序，保证村民安全<br>③活动后：<br>通过电话回访，跟踪调查村民体验度，与村民拉近距离，为后续营销做好铺垫<br>另可制订激励方案，告知村民开卡送好礼，存款收益高，慢慢增加储蓄存款 |
| 3 | 现金服务更贴心，反假知识记于心 | 适用客群：中老年人<br>客群特征：该部分人群使用现金的情况还是比较多的，对假币的认识也不是很全面，又难以承受资金被骗或者假币被没收的结果<br>操作流程：<br>①活动前：<br>准备横幅、宣传单页、小礼品、假币、桌子等道具。<br>客户邀约：通过村委会获取村民名单，电话通知村民报名参加联欢会的比赛项目<br>②活动中：<br>在"3·15消费者权益日"到来之际，组织工作人员到当地人流量大的车站等处开展识别假币和拒收假币现金活动。通过宣传，让更多的人学会识别假币和抵制假币，积极参与到反假币活动中，提高公众保护自身的能力；同时，也增加一些互动抢答环节，答对的赠送一份小礼品，并尽量留下大家的联系方式<br>③活动后：<br>安排客户经理后续跟进，宣传银行优势存款产品，增加客户对银行的了解和接受程度 |

续　表

| 序号 | 活动名称 | 具体方法 |
|---|---|---|
| 4 | 陪您看大片、夏日送清凉 | 适用客群：全体村民<br>客群特征：该部分人群不分男女老少，在夏天的晚饭后，大家都出来乘凉，看一场免费的露天电影，喝上一碗清凉的绿豆汤，全家其乐融融<br>操作流程：<br>①活动前：<br>准备工作：投影仪、幕布，夏日凉茶桶、纸杯、水果小食若干。奖励用的小礼品若干<br>人力：人员6—7人<br>预算：500元<br>客户邀约：通过村委会通知每家每户户外电影放映的具体时间，以及现场可享受凉茶小食<br>②活动中：<br>放映前：与客户提前热络关系，客户经理做自我介绍，可提前按需发放名片<br>放映时：先介绍银行，围绕发展历史，资产规模等。重点介绍适合客户的产品，提示客户在放映期间可找自己的客户经理详细了解<br>放映中：影片选择上以幽默喜剧、熟悉的老电影为佳<br>营销：放映期间保证发放产品宣传单页给每个村民，留客户经理名片或微信。安排现场开卡，有礼相送<br>安全：安排一到两名人员维持现场秩序，保证村民安全<br>③活动后：<br>通过电话回访，微信跟踪，重新拉近距离，并告知村民组团前来办理业务的好礼活动，鼓励更多村民到行。另制订可转介绍活动方案，逐步激发其他村落的存款潜力，慢慢扩大营销区域 |
| 5 | 银商联动，优惠你我 | 适用客群：全体村民、村小卖部<br>客群特征：村民都喜欢小恩小惠，小卖部又是村里的信息中心和村民经常聚集的地方，如果跟小卖部合作，礼品从小卖部那里买，或者村民在银行存钱可以获得小卖部的购物券，还可以参与银行近期的扫码返现活动，小卖部也会乐于为银行介绍客户，村民也获得了恩惠，两全其美。<br>操作流程：<br>①活动前： |

| 序号 | 活动名称 | 具体方法 |
|---|---|---|
| 5 | 银商联动，优惠你我 | 选定小卖部，提前谈好方案<br>提前两天去村民家发放宣传单，告知优惠活动<br>安排现场开卡人员2名、现场引导讲解人员2名<br>准备开卡小礼品若干，预算500元<br>活动方案：制订礼品奖励方案，如开卡送牙刷、存款1万元送鸡蛋，存款5万元送大米等<br>②活动中：<br>分工：需安排引导人员，详细介绍银行产品的优势和优惠活动满减情况<br>开卡人员准备好机具，一站式服务，让客户满意<br>礼品发放，后续维护<br>③活动后：<br>做好CRM系统跟踪营销，深度挖潜 |
| 6 | 乡村振兴，走进民宿农家乐 | 适用客群：村民当地农家乐<br>客群特征：农家乐服务的客户群大多是来此度假的大城市客户，支付方式大部分都是线上支付，银行的二维码支付方式正好给农家乐提供了便利，钱可直接扫进银行卡里省去了支付宝、微信提现的手续费，签约理财又有收益，受到农家乐主的欢迎<br>操作流程：<br>①活动前：<br>走访该农村的村委和农家乐协会了解当地农家乐的户数和具体分布的位置，以及每户农家乐主的名单和联系方式，准备一些小礼品和开卡的机器<br>②活动中：<br>一户一户走访农家乐，耐心讲解银行扫码的优势和特点，以及各种存款产品，顺带也会了解农家乐对于资金的需求，宣传银行贷款产品，搜集扫码资料，现场开立银行卡。现场做好每户农家乐的实际情况统计，留好最新的客户联系方式，为与他们顺畅交流建立初步的感情基础<br>③活动后：<br>做好这些农家乐的扫码牌，总结分析这类客户的具体情况和需求，第二次去送扫码牌时再有针对性地当面推荐银行的各种产品 |

续　表

| 序号 | 活动名称 | 具体方法 |
|------|----------|----------|
| 7 | 关爱村民健康生活 | 适用客群：中老年人<br>客群特征：农村中老年人对科学的健康知识比较缺乏，平时也不注重体检和预防，往往是身体不适才去医院，儿女又不常在身边，该类健康养生知识讲座可以让他们重视起来，提前做到科学预防<br>操作流程：<br>①活动前：<br>人力：养生专家1名，银行工作人员4—5人，参赛人员提早邀约15—20人<br>物料：茶水，纸杯，小点心，水果，有奖竞猜环节小礼品，预算：500元左右。<br>②活动中：<br>开场预热2分钟，专家讲养生知识15分钟，有奖竞猜环节（开场讲与银行有关的内容）3分钟，介绍银行热销产品5分钟，为下一轮有奖竞猜做铺垫，专家继续讲养生知识15分钟，有奖竞猜5分钟，互动10分钟，后续再衔接营销促成环节<br>活动结束拍照留念<br>③活动后：<br>活动结束后自我总结，整理资料，专人跟进 |
| 8 | 温情重阳，老幼同心 | 适用客群：老年人（腿脚利索能爬山的）<br>客群特征：村里老年人平时活动比较少，与子女的沟通也比较少，通过这个活动，一方面，加强老年人的户外锻炼，愉悦身心；另一方面，通过与孙子孙女互动，感受到亲情的温暖<br>操作流程：<br>①活动前：<br>事先确定具体活动时间，制订活动细则，安排活动场地、登山路线，提早一个月对接活动村村委，提早一个星期预热宣传活动内容，安排两天在活动村报名，报名结束后根据报名情况购买活动需要的物料，包括参加人员的小纪念品。银行可以和药房或镇街卫生院联谊，让它们提供小药包、菊花茶饮等 |

| 序号 | 活动名称 | 具体方法 |
|------|---------|---------|
| 8 | 温情重阳，老幼同心 | ②活动中：<br>安排两人布置场地，一人负责人员签到，一人清点所需物料到位情况，并传达活动精神和简单介绍银行发展史及热销产品。登山沿路请村委安排护村队人员，自起点每隔500米左右安排安全保卫岗。银行工作人员和村民一起互动爬山。登山结束后回原地休息喝茶饮，银行工作人员宣传热销产品。时间控制在5分钟内。休息半个小时后，接着下一环节为家里晚辈为老人敬一点孝心，每个老人安排一个晚辈为其端上洗脚水和洗脚，表达对长辈的孝顺，感恩长辈的生养。每个晚辈对长辈说一句心里话，长辈同样和晚辈说一句心里话。最后为参加活动的每位老人送上一份小纪念品。<br>活动结束拍照留念<br>③活动后：<br>活动结束后自我总结，整理资料，专人跟进 |
| 9 | 绚丽金秋，共游美景 | 适用客群：拆迁村关键人及存款大户等<br>客群特征：拆迁村村民存款多，各家银行都争相送礼，或者用高额的产品竞争，普遍的营销方式很难有竞争力，而通过短途旅游的方式，能够让村民有新的体验，在旅游过程中又可以很好地拉近彼此的距离<br>操作流程：<br>①活动前：<br>联系关键人、拆迁大户等；提前联系好旅游公司，安排好路线，准备温馨提示；开个小会议，提前告知注意事项，需要准备的东西。客户10—20人，客户经理3—4人。<br>②活动中：<br>首先分两到三组，每组配备一名支行服务人员作为组长，安排吃住<br>统一行程，统一安排，做好服务，安全第一，保证客户满意<br>可以利用晚上休息时间宣讲一下银行各项产品，并且可以给予他们贷款优惠利率，介绍有礼品等政策<br>③活动后：<br>通过电话回访，微信建群跟踪，在群内播报活动进度及奖励情况 |

| 序号 | 活动名称 | 具体方法 |
|---|---|---|
| 10 | 迎春暖心，农民工返乡服务 | 适用客群：在外打工、放假需要回家过年的村名<br>客群特征：该部分人群均在外打工，一年可能就只有过年才会回家，随身携带的东西也比较多，火车站、汽车站下车到村里，一般还有一段比较远的距离，银行一般只会给贵宾客户提供接送服务，忽略这部分客群。我们的接送，能够让外面回来的客户和在家的老人感受到我们的用心<br>操作流程：<br>①活动前：<br>银行的工作人员们早早在接站点做好准备，醒目的红色横幅打着"××银行欢迎老乡回家"，接站的工作人员在接站处准备了热水和面包，随时供应给回家的老乡们<br>②活动中：<br>工作人员在火车站或长途汽车站迎接外出打工归来的村民们，登记每一个村民的地址和联系方式，并开车将他们安全送回家。<br>在行车过程中，安排工作人员同行，方便宣传银行的相关信息与产品，并赠送一份小礼品和宣传单页，后续可以根据此次活动留下的联系方式，安排客户经理们持续跟进，加深村民对银行的熟悉度和认可感<br>③活动后：<br>通过电话回访、上门走访拉近距离，为后续营销做好铺垫。另可制订激励方案，告知村民开卡送好礼，存款收益高，慢慢深入拓展储蓄存款业务 |

附录六 —— 批量获取储蓄理财新客户十法

| 序号 | 活动名称 | 具体方法 |
|---|---|---|
| 1 | 加入各种协会开展营销活动 | 活动名称：我运动、我快乐——中老年乒乓球联谊赛<br>客户群体：老年乒乓协会中的优质客户<br>活动内容：乒乓球淘汰赛，取前 3 名获奖人员<br>操作流程：<br>①活动前：找关键人（协会会长）—会员名单（筛选约 30 人）—选场地、时间—场地布置（准备横幅）—其他准备（宣传单页、银行红马甲、奖品）<br>②活动中：人员安排（1 人场控、2 人引导、3 人现场营销，裁判由协会人员担当）<br>③活动后：颁奖合影—名单录入 CRM 系统—根据客户清单隔天电话回访—5 天后以送照片为由上门拜访营销—激活成为价值户奖励 ×× 元 / 户 |
| 2 | 定点社区公益营销活动 | 活动名称："幸福家庭 与法同行"三八妇女节维权宣传活动<br>客户群体：×× 社区内居民<br>活动内容：协助 ×× 社区举办妇女权益保护知识抢答及趣味运动会，与社区居民互动。<br>操作流程：<br>①活动前：找关键人（社区主任）—社区微信群发布活动通知—选场地、时间—场地布置（准备横幅）—其他准备（宣传单页、银行红马甲、奖品）<br>②活动中：人员安排（1 人场控、1 人引导、2 人现场营销、2 人开卡）—客户登记信息并领取礼品—宣导银行存款送礼活动—将准客户加入微信群（便于后续活动通知）<br>③活动后：名单录入 CRM 系统—根据客户清单隔天进行电话回访—定期短信营销 |
| 3 | 抓住节点，开展PK赛外拓，调动工作气氛 | 活动名称："借花献佛"宗教寺庙营销活动<br>适用客群：有宗教信仰、定期参加宗教活动的群体，本地客户更宜<br>操作流程：<br>①活动前：<br>对接待寺庙管理员、发起者、住持，购买活动所需礼品、小点心、理财单子、宣传单页、横幅，确定活动时间、活动人数、营销人员分工<br>②活动中：<br>通过以慈善为目的的送礼品、送小点心、协助工作、摆摊等，通过住持或管理者召号，指引客户来本行摊点，营销人员介绍银行储蓄理财产品，并登记意向客户电话、姓名、住址等信息 |

| 序号 | 活动名称 | 具体方法 |
|---|---|---|
| 3 | 抓住节点，开展 PK 赛外拓，调动工作气氛 | ③活动后：<br>维护意向客户信息台账，信息录入 CRM 系统，通过短信营销和电话营销银行储蓄理财产品，近处更可以上门营销及接送客户来行，建立联系机制，提供信息对称平台 |
| 4 | 中医义诊进社区，服务居民零距离 | 适用客群：社区区民<br>操作流程：<br>①活动前：<br>联系中医医生，确定义诊时间，地点定在社区居委，居民宣传<br>②活动中：<br>医生望、闻、问、切，为前来的居民进行诊疗，中医辨证施治，答疑解惑，普及中医药和养生保健知识，现场为居民检查健康情况、按摩、针灸和登记信息等等<br>③活动后：<br>营销人员建立医生、客户微信群，医生在群内为客户提供健康咨询；营销人员为客户提供储蓄理财产品答疑。同时，根据活动登记的客户信息，进行 CRM 潜在客户群维护，定期发送产品信息 |
| 5 | 关注拆迁村，抓住关键人，精准营销，情感关怀 | ①提前营销"抓关键人"，深入拆迁公司及村里留存名单<br>②精准营销"抓住心"，分工对接，以熟带生，持续跟进<br>③情感关怀，深入人心（打感情牌）—拍拆迁合影<br>④后期跟进拆迁公司，确定款项落实时间，第一时间接客户办理业务<br>⑤营销拆迁公司账户 |
| 6 | 代发工资客户的营销和深挖 | 目标客户：经营贷款客户、存款大客户（企业控制人）、行周边在本行开户企业、部分行业需求<br>步骤：<br>①与客户约时间，告知注意事项<br>②安排人员、设备、礼品<br>③与企业财务、人事建群，并打印群二维码 |

续　表

| 序号 | 活动名称 | 具体方法 |
|---|---|---|
| 6 | 代发工资客户的营销和深挖 | ④在工厂合适位置粘贴群二维码、本行手机银行二维码及使用教程<br>⑤企业员工开卡<br>⑥绑定支付宝、微信，安装手机银行<br>⑦在群内发红包，宣导本行产品优势及存贷款政策 |
| 7 | 金融知识进校园 | 适用客群：幼儿园、小学家长、早教、培训机构家长<br>获客方式：利用上下学接送时间，可以与家长客群面对面交流；结合小小银行家及金融知识进校园活动；通过小玩具、图书等礼品吸引学生，获得与家长交流的机会<br>操作流程：<br>①活动前：<br>根据监管要求落实工作，与当地学校对接、洽谈活动事项。确定时间、地点、人数、金融课堂授课老师及课程内容<br>②活动中：<br>金融知识进校园活动地点一般安排在学校报告厅，注意现场秩序、安全，同时要积极互动<br>③活动后：<br>下发学生金融课堂课后小测验及反馈表，同时由学生自行勾选是否参与银行小小银行家厅堂体验活动。选择愿意参加的学生，必须由家长确认签字并提供联系方式<br>通过家长名单和联系方式，建立微信群，对接体验活动事项，让家长群体也进一步了解银行，这部分客户自然成为我们的储蓄理财潜在客户群体 |
| 8 | 银商联盟——拓展客户的三抓手 | ①增加渠道的建立<br>前期排摸—调研表（老年大学）—确定渠道商家（超市、酒店、理发店等）<br>②营销模式的创新<br>互利互惠—三方共赢—银行客户商家<br>③客户价值的提升<br>客户持卡享优惠—普通的借记卡变为一张多功能的优惠卡<br>后期维护，分析客户，建立长期合作关系，不断增值 |

| 序号 | 活动名称 | 具体方法 |
|---|---|---|
| 9 | 商商联合，共创商机 | 适用客群：行业商会成员，有贷款需求的商会成员，已和银行有业务来往的商会成员<br>获客方式：通过关系（行长资源）热络商会会长、理事，参与商会会议，门口摆摊，送礼品，登记客户信息<br>操作流程：<br>①活动前：<br>通过自身资源、行内资源、行长资源，接触商会高层，通过建立商业信任，获取参加商会会议和布置会场的资格<br>②活动中：<br>现场摆摊，提前布置场地，每个座位上放宣传单页、小礼品和银行办公用品，尽可能在会议之余推销银行各方面产品，尽可能多地登记成员信息<br>③活动后：<br>维护意向客户信息台账，录入 CRM 系统，通过短信营销和电话营销银行储蓄理财产品，去企业上门营销及接送客户来行，建立联系机制，提供信息对称平台 |
| 10 | 与美丽相伴，与财富相守 | 适用客群：化妆协会成员，一般为有一定经济基础，有家庭地位，有财政大权的女性<br>操作流程：<br>①活动前：<br>对接化妆协会会长，加入协会微信群，制作活动邀请函，确定活动时间、活动人数、营销人员分工<br>②活动中：<br>化妆协会老师现场进行化妆培训，指导服装搭配和化妆技巧。营销人员介绍银行储蓄理财产品，并登记意向客户信息<br>③活动后：<br>维护意向客户信息台账，录入 CRM 系统，建立协会潜在客户群，通过短信营销银行储蓄理财产品，建立联系机制，提供信息对称平台 |

# 参考文献

[1] 台州市金融学会 . 小微金融研究——台州视角 [M]. 北京：中国金融出版社，2015.

[2] 郑志明，缪绍日，荆丽丽，等 . 金融数据挖掘与分析 [M]. 北京：机械工业出版社，2016.

[3] 文丹枫，朱海，朱德清 . IT 到 DT 大数据与精准营销 [M]. 沈阳：万卷出版公司，2015.

# 后　记

本书从编辑到付梓的时间并不长，但本书的准备与撰写历时3年的时光。这3年，是几位作者在银行亲身创立一系列富有特色的网格化管理机制的3年；是在金融改革浪潮中目睹标杆行网格化管理工作取得突出成绩，核心竞争力和可持续发展能力显著增强的3年；是银行员工队伍面貌发生深刻变化的3年。本书就是这3年多网格化管理工作探索和实践的成果。这本书，既是我们对这些经历的回顾和小结，也是我们在金融市场改革和农商行转型发展过程中的一些感悟和思考，希望能够对读者提供一些有益的参考。

这是一个大变革的时代。全球经济仍处于后金融危机时代的调整期，国际金融市场也处在不断分化和改革的过程中。在我国经济新常态下，社会经济诸多方面正在发生广泛的、深刻的变革。在内外部经济环境、行业环境、市场环境日益复杂多变的时代背景下，机遇与挑战并存，动力与压力同在，农商行的经营模式、经营机制、经营形态、经营范畴和竞争方式亟待改变。各农商行应清醒认识到当前的竞争压力和发展诉求，敏锐意识到发展瓶颈，立足从更高标准、更高层次解决经营管理中存在的问题，紧紧抓住网格化管理这条主线。本书就是以网格化管理机制为核心，在丰富其管理内涵、描述其操作要领的基础上编写而成的。其目的是为这几年不平凡的历程留下一点精神财富，为有志于追求卓越的银行同人留下一些经验积累，也为同事留下一部管理的实务手册。如果一定要说这本书有哪些特色，就在于它不是一部纯粹的金融理论著作，而是在平凡的经营管理实践中独创出的管理方法，是一种行之以躬、身体力行的方法论，具有很强的实践性和生命力，并且在指引和规范每日的经营管理活动。

本书的出版离不开各方面的大力支持与帮助。衷心感谢上海银之盛信息服务有限公司的创始人葛瑛博士，在她的建议下，此书有了雏形，而且她多次放弃与家人团聚的机会参加本书的讨论会，并提出了真知灼见；还有付艺蓉总经理，从市场角度提出了非常宝贵的意见，组织了公司的优秀咨询师冯俊、陈俊、王剑、张雷等一起探讨、交流，并且提供了相关素材。还要感谢成都农商行的赵永刚先生，他认真审阅了书稿，并对书稿结构的优化改进提出了较好的建议。

由于水平有限，编写仓促，本书难免存在不足和纰漏，敬请读者批评指正，如有幸再版，必将予以修订。